はじめの一歩

経営学

入門へのウォーミングアップ

守屋貴司／近藤宏一 編著

〈第2版〉

ミネルヴァ書房

はじめに

　本書は，経営学をこれから学ぼうとする方や，企業や組織の経営についてはじめて関心をもたれた方に，いわば「経営学入門半歩前」にあたる知識とイメージを提供することをねらいとしています。

　大学の経営学部で，入学してきたばかりの学生のみなさんに講義を行ってきた私たちは，学生のみなさんが私たちの講義する内容をなかなか具体的に理解することができず，それが理由でやる気を失っていく姿を目の当たりにしてきました。そしてその主な原因が，高校までに受けてきた教育や，大学入学までの社会生活の経験の中では，経営学部で学ぶために必要な企業と経営についてのごく基礎的な知識が十分に得られていないことと，企業や組織の活動についての具体的なイメージをもっていないことにあると気がつきました。例えば，「サービス」とは「おまけをくれること」だと思っている方々に「経済のサービス化によって製造業における経営戦略も大きな変化をとげてきた……」などと話しても通じないわけです。

　そこで私たちは，経営学を学ぶために必要な最低限の「知識」と，企業や組織の活動についての具体的な「イメージ」を，本書を通じて提供しようと考えました。例えば，それぞれの章は，それぞれの内容を具体的にイメージするために役立つ〈Topics〉と，それに関わる経営学の基礎知識を述べた〈解説〉からできています。〈Topics〉で抱いたイメージを，〈解説〉によって整理することができれば，本書の目的は達成できたといえるでしょう。実際の講義ではさらに，それぞれの〈解説〉についても具体的な事例を紹介する，また映像などでさらに具体的なイメージを提供するといった工夫をすることで，学生のみなさんの理解が深まるようにできればと思っています。

　また同時に，今回の「第2版」では「大学での学び」への入門という点を，

旧版よりも強く意識して編集しています。例えば，各章ではそれぞれの内容に関連した〈論点〉を示しています。これは，「大学での学び」が，単に知識を増やすことではなく，「考える」「議論する」ことを通じて思考を深めることができるようになることを目指していることに対応しています。〈論点〉に示した問いは，入試の問題のように明白な解答がすぐに得られるものではありません。ときには，価値観や人間観の違いから，議論しても一致した結論が得られないようなものも含んでいます。しかし，そうした議論を通じて自分の考え方を磨くことや，他者から学ぶことの重要性を理解していただければと思っています。

このほか「第2版」では，さらに学びやすくするための改善もしています。各章の冒頭に〈**Keywords**〉として示した語句については，本文の中の太字で示したところで説明をするようにしています。さらに，内容の理解のために参照したほうがよい他の章やページについては，矢印で示しています。

もっとも，以上のような点を重視したために，本書の内容は，経営学の体系的理解としては十分とはいえません。したがって，本書はあくまでこれからさらに学習を深めていただくことを前提としています。経営学部や商学部の学生のみなさんであれば，専門科目の講義を受講することでそれがある程度可能になりますが，自学自習を積極的に進めようとする方のために，巻末に「経営学の学び方」を示していますので，参考にして下さい。

経営学は企業や組織の実践と深く結びついていますが，単に実践に「役に立つ道具」であるだけでなく，それ自身非常におもしろい「学問」でもあります。本書がその「おもしろさ」にふれる糸口になることを私たちは願っています。

なお，執筆にあたっては，会社法に関連する記述について，日本大学法学部教授，松嶋隆弘先生にご教示をいただきました。ここに記して感謝申しあげます。ただし，内容についての責任はすべて筆者にあります。

最後に，本書はこれまでの講義に対して受講生のみなさんから寄せられた意見や質問も，参考にさせていただきました。ここに謝意を表します。

2012年　春

筆者一同

はじめの一歩 経営学
――入門へのウォーミングアップ――
〈第2版〉

目　次

はじめに

序　章　大学でどう学ぶか……………………………………………… *1*

 1　一見社会に関係のなさそうな大学での学びが社会で役立つ………… *1*

 Topics 1　東京電力による福島第一原子力発電所の事故…………… *1*

 2　みなさんはどんな人間になりたいですか：将来のキャリアと経営学… *4*

 3　生活の中の経営学：私たちと企業の関係を考えよう ……………… *5*

 Topics 2　電力の自由化……………………………………………… *6*

 4　経営学とは何か………………………………………………………… *9*

 コラム　高校のつらい「勉強」から，大学の楽しく・面白い
　　　　　「学習・研究」へ…………………………………………… *14*

第Ⅰ部　企業とは何か

第1章　どんな会社があるのか ……………………………………… *19*
　　　　──業界と企業の形態──

 Topics 1　あなたのその持ち物には，どんな企業が関わっているのでしょうか… *19*

 Topics 2　世界と日本の大企業………………………………………… *21*

 Topics 3　いろいろな業界と代表的な企業…………………………… *24*

 解　説　企業の分類，企業の種類……………………………………… *26*

 1　企業とは………………………………………………………………… *26*

 2　業種や業界……………………………………………………………… *29*

 3　寡占と独占……………………………………………………………… *31*

第2章　会社は誰のものか……………………………………………… *32*

 Topics　インド企業・中国企業による日本企業の買収………………… *32*

 1　株式会社の仕組み……………………………………………………… *33*

 2　所有と経営の分離……………………………………………………… *39*

3　合同会社 ………………………………………………………… *39*
　　　4　今日の諸問題 …………………………………………………… *41*

第3章　会社の一生 …………………………………………………… *43*
　　　　　──ベンチャーから大企業への成長プロセスと倒産・清算──

　(Topics)　ある開拓者の一生 ……………………………………………… *43*
　　　1　高度成長の波に乗って ………………………………………… *44*
　　　2　「価格破壊」の旗手 …………………………………………… *45*
　　　3　破竹の勢いで拡大 ……………………………………………… *46*
　　　4　カリスマの終焉 ………………………………………………… *47*

　(解説)　企業の一生 ……………………………………………………… *48*
　　　1　企業の誕生 ……………………………………………………… *48*
　　　2　企業の規模 ……………………………………………………… *50*
　　　3　成長と消滅の分岐点 …………………………………………… *51*
　　　4　提携，買収，合併 ……………………………………………… *54*
　　　5　運営を考える …………………………………………………… *55*

第II部　経営とは何か

第4章　会社は誰が動かしているのか ……………………………… *59*
　　　　　──組織の基本的な仕組み──

　(Topics)　テルモの電子体温計研究開発の物語 ………………………… *59*
　　　1　マネジメントの定義とマネジメントサイクル ……………… *60*
　　　2　会社の組織構造 ………………………………………………… *62*
　　　3　企業組織の部門管理：専門化 ………………………………… *69*

第5章　会社で働くとはどういうことか …………………………… *74*
　　　　　──労働とマネジメント──

　(Topics 1)　大阪維新の会の大阪府教育基本条例にみる教員評価の問題点 … *74*
　　　1　組織とは：組織の理論 ………………………………………… *75*

2　日本のマネジメントとは……78
　Topics 2　三井物産……86
　3　あなたのキャリアデザインとは……88

第6章　労働組合ってなに？……92
　　　　　——労使関係と労働組合——

　1　労働組合とは……92
　Topics 1　労働組合ができて職場が変わった……92
　2　日本の労働組合は今……96
　3　21世紀における労働組合の新しい胎動……99
　Topics 2　日本マクドナルドとケンタッキーの組合結成……99

第7章　会社は何に基づいて活動しているのか……104
　　　　　——経営戦略の基礎——

　Topics　ソニー：町工場から世界へ……104
　1　トランジスタラジオでの飛躍……104
　2　「ソニー」世界へ……106
　3　「技術のソニー」……108
　解説　会社をとりまくさまざまな要素……109
　1　経営環境とその内容……109
　2　会社を動かす主体的な要素：理念，目標，戦略，戦術……111

第8章　会社の動かし方としての「経営戦略」……117

　Topics　パナソニックの事業再編にみる「選択と集中」……117
　1　経営戦略はなぜ必要なのか？……117
　2　多角化と成長……117
　3　事業部制とグループ経営の拡大……118
　4　中村邦夫社長による経営改革：選択と集中への移行……120

5　パナソニックのこれから：どの領域を重視しているのか ……… *121*

　(解 説)　多様な戦略論 …………………………………………………… *124*

　　　1　戦略はどのようにつくられるのか ……………………………… *124*
　　　2　アンゾフの戦略論 ………………………………………………… *125*
　　　3　SWOT 分析 ………………………………………………………… *127*
　　　4　経験曲線と PPM …………………………………………………… *127*
　　　5　ポーターの競争戦略論 …………………………………………… *130*
　　　6　事業の定義 ………………………………………………………… *132*
　　　7　資源アプローチ …………………………………………………… *133*

第9章　ものが売れる仕組み ……………………………………………… *135*

　(Topics)　「お〜いお茶」とお茶ブーム ………………………………… *135*

　　　1　「お〜いお茶」の発売 ……………………………………………… *135*
　　　2　新しい需要の発生 ………………………………………………… *136*
　　　3　伊藤園の努力：製品開発と流通の整備 ………………………… *137*
　　　4　その後の「お〜いお茶」 …………………………………………… *139*

　(解 説)　ものをつくって売る実際の仕組み …………………………… *140*

　　　1　そもそも，「ものが売れる」には何が必要か …………………… *140*
　　　2　製品やサービスを開発する ……………………………………… *141*
　　　3　製品やサービスのことを知らせる ……………………………… *143*
　　　4　製品やサービスを届ける ………………………………………… *144*
　　　5　価格を設定する …………………………………………………… *146*
　　　6　製品やサービスが売れてから …………………………………… *147*

第10章　ものをつくる仕組み ……………………………………………… *149*

　(Topics)　自動車の生産方式はどのように発展してきたか …………… *149*

　　　1　フォード・システムの誕生と単一種大量生産 ………………… *149*
　　　2　GM の台頭と多品種変量生産 …………………………………… *152*

3　トヨタ・システムの確立：フォード・システムの継承・発展……… *153*

　解　説　ものをつくる基本的な仕組み…………………………………… *155*
　　1　製品の開発…………………………………………………………… *155*
　　2　原材料などの調達…………………………………………………… *157*
　　3　生産システムの構築………………………………………………… *158*
　　4　物流とサプライ・チェーン・マネジメント……………………… *160*
　コラム　夏休みにドラッカー，コトラーなどの古典的著作に挑戦して
　　　　みよう…………………………………………………………… *162*

第Ⅲ部　現代の企業と経営

第11章　経済社会の動きと企業経営………………………… *167*

　Topics　日本経済と企業………………………………………………… *167*
　　1　第二次世界大戦以前の日本経済と企業…………………………… *167*
　　2　第二次世界大戦後の経済の動きと企業…………………………… *169*
　　3　高度経済成長と企業………………………………………………… *170*
　　4　石油危機からバブルへ……………………………………………… *171*
　　5　バブル経済とその崩壊……………………………………………… *173*
　　6　日本経済の課題……………………………………………………… *174*

　解　説　経済と企業との関係を把握しよう…………………………… *176*
　　1　経済と企業との関係………………………………………………… *176*
　　2　経済成長と景気循環………………………………………………… *176*
　　3　円高と円安…………………………………………………………… *179*
　　4　経済学と企業経営…………………………………………………… *180*

第12章　企業の社会的責任と企業倫理……………………… *181*

　Topics　23歳過労死：自殺の男性社員を労災認定…………………… *181*
　　1　企業と社会との関係………………………………………………… *182*
　　2　CSR 経営と労働……………………………………………………… *185*

3　企業の雇用におけるさまざまな問題 …………………………………… *186*

第13章　新しい企業と経営のあり方 …………………………………… *193*

　Topics 1　社会的企業「株式会社ミライロ」………………………… *193*
　1　社会的企業 …………………………………………………………… *194*
　2　NPO，非営利組織 …………………………………………………… *195*
　3　経営と女性，そして，ワーク・ライフ・バランス ……………… *196*
　4　公共セクターへの経営発想の導入と地域マネジメント ………… *201*
　Topics 2　ニューパブリックマネジメント（NPM）の台頭 ……… *201*

第14章　グローバル化時代の企業・経営 ……………………………… *204*

　Topics　フェアトレードを知っていますか ………………………… *204*
　1　フェアトレードとは ………………………………………………… *204*
　2　ネパールからコーヒーと工芸品を ………………………………… *205*
　3　フェアトレードは世界を変えるか ………………………………… *208*
　解　説　「グローバル化」をさまざまな面から理解する ………… *209*
　1　グローバル化とは何か ……………………………………………… *209*
　2　グローバル化と企業 ………………………………………………… *212*
　3　グローバル化時代の経営課題 ……………………………………… *215*
　4　グローバル化の今後と企業 ………………………………………… *218*

第15章　今後の学びや進路選択に向けて ……………………………… *223*

　1　経営学の専門分野の紹介 …………………………………………… *223*
　2　マーケティング論の専門分野の紹介 ……………………………… *226*
　3　専門演習（ゼミナール）とはどのようなものか ………………… *227*

経営学の学び方 …………………………………………………………… *229*

　1　そもそも「経営学を学ぶ」とは …………………………………… *229*

2 経営学を学ぶ道筋：基本的な枠組み……………………………………… *230*
　3 どうやって勉強すればよいのか ……………………………………… *230*

索　　引……*237*

 大学でどう学ぶか

Keywords ▶ 企業の社会的責任論，理論，組織，消費者，企業経営

1 一見社会に関係のなさそうな大学での学びが社会で役立つ

本書では，前述したようにTopics で，まず，具体的なイメージをもってもらい，その後に理論的な問いかけ（論点）や学問的解説があります。

いわば，個々の具体的な事例から一般に通用する原理や理論を解説するという帰納法という論理的方法で本書は展開されています。

そこでまず，大学で，特に経営学を学ぶことの意味について Topics を通して考えてみましょう。

（1）事象の本質をつかむ

Topics 1　東京電力による福島第一原子力発電所の事故

2011年3月11日に，東北地方太平洋沖において発生した大地震（東日本大震災）とそれによって引き起こされた大津波によって，東京電力の福島第一原子力発電所において，世界最大規模の原子力事故が起こりました。この東京電力の福島原子力発電所の事故では，水素爆発，炉心融解が発生するまでに至り，放射能が大量に外に漏れることとなりました。この事故に対して，日本政府の原子力安全・保安院は，在定評価として，最悪の事故を意味するレベル7の評価を行いました。この評価水準は，1986年4月26日にソビエト連邦で起き，世

界を震撼させたチェルノブイリ原子力発電事故と同じ評価となっています。

　この「東京電力福島第一原子力発電所の事故の責任は，誰にあるのか？」という問題を，日本政府・東京電力に大地震・大津波への対応の不備があったのか，事故後の東京電力の政府への連絡の遅れ，日本政府の対応の遅れ，また，東京電力と日本政府のミスコミュニケーションなど，いろいろな事象をひろいあげてみても，この事故の責任の本質はみえてきません。

　これを，経営学の「企業の社会的責任論*」の理論的枠組みから分析してみると，その問題の本質がようやくみえてきます。企業の社会的責任論とは，企業が大規模化し社会的公器としての役割をもつようになると，企業も市民社会の一員として，自らの行動に責任をもち，社会への責任を果たさねばならないという理論です。企業の社会的責任については，本書の第12章にくわしい説明があります。

　＊　松野弘・合力知工・堀越芳昭『「企業の社会的責任論」の形成と展開』ミネルヴァ書房，2006年，参照。

論点　東京電力福島第一原子力発電所事故の責任は誰にありますか？

▶ヒント！

　「東京電力による福島第一原子力発電所の事故の責任は，誰にあるのか？」という論点で，「社会的責任は，東京電力にある」とするのは簡単ですが，十分な経営学的分析とはいえません。東京電力といっても，一つの大企業には，株主，経営者，管理職，技術者，一般従業員，取引先企業，顧客といったさまざまな利害関係者（ステークホルダー⇨本書第2章）がいます。また，原子力行政は，日本政府の経済産業省が統括し，原子力安全・保安院が監視にあたっており，経済産業省をはじめすべての諸機関を統括する内閣・政党にも目を向ける必要があるでしょう。

　しかし，その反面，福島第一原子力発電所の事故の社会的責任が東京電力にある，なしにかかわらず，日本には，原子力損害賠償法という法律があります。この法律は，電気事業者が無限責任を負うと定める一方，賠償限度額（1200億円）を超えた分については，日本国政府が国会の議決を経て，国の費用（場合

によっては税金）で援助することと定めています。つまり1200億円以上の支払いは，電力会社はしなくてよいということになっているのです。さらに，原子力損害賠償法では，「異常に巨大な天災地変」または「社会的動乱災」ならば「電気事業者は一切責任を問われない」という規定まであります。その意味では，東日本大震災が「異常に巨大な天災地変」であるなら，東京電力は，1円も損害賠償をしなくてもよいということになります。今回の原子力発電所の事故の責任の所在についても，経営学は，果たしてなにが正しいのかを考えさせてくれる学問でもあります。

　○論点を考える上での参考図書——
- 橘川武郎『東京電力　失敗の本質——「解体と再生」のシナリオ』東洋経済新報社，2011年。
- 奥山俊宏『ルポ東京電力　原発危機1カ月』朝日新書，2011年。
- 高木仁三郎『原発事故はなぜくりかえすのか』岩波書店，2000年。
- 小出裕章『原発のウソ』扶桑社新書，2011年。
- 開沼博『「フクシマ」論——原子力ムラはなぜ生まれたのか』青土社，2011年。

（2）大学で学ぶことの意味

〈Topics 1〉で示したように，大学では，さまざまな事象の背後にある本質を見抜くことができる「理論」を学ぶことができ，それが大学で学ぶ意義でもあります。さまざまな事象は，雑多なままでは，その問題の本質を理解することはできません。さまざまな事象の背後に潜む問題の本質は，「理論」を通して，その問題を生み出した事象の構造を理解することではじめて解明されます。その問題の本質の解明を通して，はじめてその問題の抜本的な問題解決となる政策や，その問題の責任の所在を明らかにすることができます。大学で学ぶということは，さまざまな事象の背後に潜む問題の本質を見抜くことができる「理論」，もしくは「理論的な考え方」を学ぶことです。「理論」とは，『広辞苑』によると，「個々の事実や認識を統一的に説明できる普遍性をもつ体系的知識」となっています。

　すなわち，経営学を学ぶということは，企業や経営に関するさまざまな事象

の背後に潜む問題の本質を見抜くことができる「理論」，もしくは「理論的な考え方」を会得(えとく)することです。

　一般社会では，さまざまな問題や解決すべき課題が山積みです。大学でしっかり「理論」を身につけ，問題の本質を解明し，その問題を解決する政策構築能力を身につけることができれば，どのような組織，社会でも生きていけます。これこそが「生きる力」といえます。

　そして，これから学んでいく経営学の体系については，本書の第15章と最後に設けている「経営学の学び方」の「2　経営学を学ぶ道筋」に説明があります。

2　みなさんはどんな人間になりたいですか：将来のキャリアと経営学

　将来，私たちはなんらかの形で組織との関わりや組織の中で生きていくことになります。

　例えば，公務員（国家公務員・地方公務員），ビジネスマン・ビジネスウーマン，会計士・税理士，経営コンサルタント，教員，経営者，スポーツ選手などを思い浮かべて，それぞれの職業と組織との関係について考えてみてください。

　どうですか。私たちは，社会に出れば，なんらかの組織の中で「組織人（組織構成員の一員）」として生きていかなければならないことがよくわかると思います。経営学は，組織の中で生きていくときに必要な「組織と個人の関係」や「組織の動かし方」を教えてくれます。この点は，本書の第4章に詳しく書かれています。

　組織とは，ちょっと経営学らしく難しくいうと，「個人の能力の限界を克服するための手段としてつくられた協働システム」ということになります。人間は，一人では大きなことはできませんが，みんなで協力して働くこと（協働）で，大きな神殿を建てたり，大きな橋を架けたりといった大事業をなしとげることができるものです。人類は，そうした人と人が協力して働く（協働）仕組みとして「組織」をつくりだしたのです。

序　章　大学でどう学ぶか

3　生活の中の経営学：私たちと企業の関係を考えよう

（1）消費者と企業の関係

　次に，日常生活の中での私たちと企業との関係を考えてみることにしましょう。まず，消費者と企業の関係について考えてみましょう。まず，朝，起きてから講義に来るまで，みなさんはどのように企業と関わったかについて，考えてみてください。

　朝起きて歯を磨く時には，サンスターの歯ブラシを使い，朝食には，敷島パンのパンだったり，通学では，JR西日本の列車に乗り，講義でコクヨのノートを使ったりしますね。

　私たちは，朝起きて寝るまでの間ずっと企業の販売する製品やサービスを享受して生活を送っています。無人島でロビンソン・クルーソーのように自給自足でたった1人の生活でもしない限り，企業が販売する製品やサービスに厄介になって生活をせざるをえません。

　あなたが今，もっている製品や衣服はどこのメーカーのものですか。ちょっと考えてみてください。このように私たちの生活は企業と深く関係しています。

　企業と私たちのこのような関係は，消費者としての企業との関わりです。

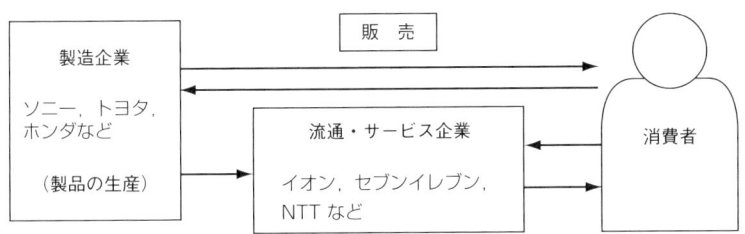

　消費者である私たちは，お金を支払って，企業から製品やサービスの提供を受けています。私たちは，企業の提供する製品やサービスに依存して生活していますし，企業は私たち・消費者に製品やサービスを購入してもらわなければ企業活動を継続することができません。

消費者とは，一般的に，企業などの提供する製品やサービスを選別し，購買する人のことをいいます。消費者が，製品やサービスの購買を決断するプロセスは，購買によって得る満足度に依存しています。

自由競争の中では，企業は消費者を獲得するため熾烈な競争を展開しています。したがって，消費者の力は企業に対して大きなものとなります。これに対して，寡占状態，もしくは独占状態の中では，消費者は企業を選ぶ選択肢が少なかったり，なかったりします。そうすると，独占企業は，自由に価格を設定したりしてきます。企業と市場の関係については，本書の第7章，第9章にくわしい説明があります。そこで，次の〈Topics 2〉では，電力市場を事例にして，企業と市場の関係を紹介し，〈論点〉ではそのことについて考えてもらうようにしています。

Topics 2　電力の自由化

電気事業は，政府の統制のもと独占状態にあり，これまで各地域ごとに，北海道電力，東北電力，東京電力，中部電力，関西電力，四国電力，九州電力，沖縄電力が，各地域の電気事業を独占してきました。しかし，1993（平成5）年に，当時の総務庁のエネルギーに関する規制緩和への提言を契機に，電気事業審議会での審議が始まり，1995（平成7）年4月に，31年ぶりの電気事業法の改正が行われ，鉄鋼，石油化学，商事会社などが独立系発電事業者（IPP）として新規参入することや，既存の電力会社以外の特定規模電気事業者の小売が認められるようになりました。そして，2007（平成19）年4月には電気事業分科会において，家庭部門も含めた全面自由化の是非についても検討されましたが，全面自由化の是非については再検討されることとなっています。

 日本は，電力自由化・再生エネルギーの拡大によって，脱原発に向かうことは可能ですか？

▶ヒント！
　　東京電力の福島第一原子力発電所の事故以降，先の〈Topics 1〉で紹介した

ように，①電力自由化によって，旧来型の政府による指導・統制型の電力政策から電力事業への民間活力の導入を進める規制緩和政策に転換することで，電力供給量を拡大し，コストを低減することと，②電力部門における太陽光発電や風力発電，燃料部門におけるバイオエタノールの利用など再生可能エネルギーを拡大することで，脱原発に向かうべきだ，という議論が起こりました。一方，①や②では，日本国内の電力の安定供給は不可能であり，現状，原子力発電は日本にとって不可欠であるとの主張もあります。あなたは，どう考えますか。

　論点を議論するために，下記のホームページからデータを調べたり，関連する映画をみたり，参考図書を読んでみましょう。

○「経済産業省資源エネルギー庁」ホームページ　http://www.enecho.meti.go.jp/topics/hakusho/index.htm
○ドイツ映画「アンダーコントロール」
　　ドイツの原子力発電関連施設を3年間にわたり取材したドキュメンタリー映画です。原子炉建屋の内部，そして，精密機器であふれた操作室をはじめ，放射性廃棄物の貯蔵施設，巨大な廃墟と化した原発とその解体作業の様子，原子力に関わる人々の日常などを客観的に捉えた映画でもあります。"原子力のゆくえ"を冷静にみつめていく上で，おおいに参考になる内容となっています。
○映画「アンダーコントロール」公式サイト　http://www.imageforum.co.jp/control/

(2) 従業員と企業との関係

　現代社会において多くの人は，組織，特に企業に雇用され，企業からお金をもらって生活をしています。資本家以外の専門経営者，管理者（部長，課長，係長），一般労働者の人は，自分の労働を提供し，そのかわりに賃金を受け取り，日々の生活を送っています。

　企業は，従業員から労働という商品を購入し，賃金を支払います。

　では，通常一般の商品（例えば車やラジオ，テレビ等）と労働という商品との違いはなんだと思いますか？

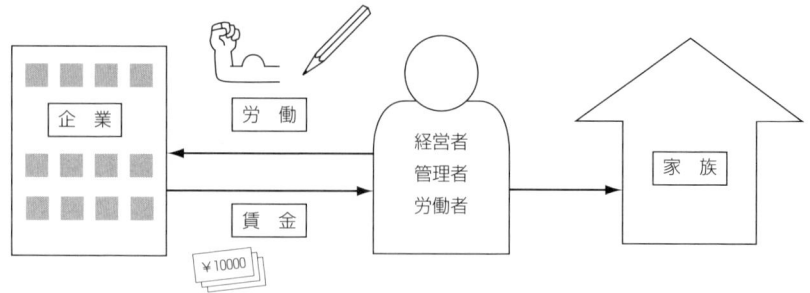

　労働という商品は，労働者と切り離して使用することはできません。また，労働という商品の効果は，労働者の意欲や気持ちに大きく関わっています。
　また，従業員と企業もしくは経営者（特に資本家）との関係には矛盾した関係があります。その矛盾した関係を理解するために，アルバイトについて考えてみましょう。

　アルバイトをしたい人は，どのようなバイトを求めますか。括弧の中をうめてみてください。

　　　　仕事が　　　　　　　　　　で賃金が　　　　　　　　　　仕事がよい。

　しかし，企業もしくは経営者（特に資本家）は，従業員にたくさんの仕事をより長く，賃金が低い形で働いてもらうことを望んでいます。それは，総人件費をできるだけ抑えることで，利益がより大きくなるからです。
　その反面，賃金を低くしすぎると従業員は退職し，より高い賃金の職場に移動したり，意欲がなくなって働かなくなります。そこで，企業もしくは経営者（特に資本家）は，がんばった人だけ賃金を上げようとします。このような結果，「人の管理（労務管理・人事管理・人的資源管理）」が生まれたのです。
　ところでフリーター（非正規雇用）はなぜ拡大したのでしょうか。そこには若者のニーズと企業側のニーズの合致があります。その点を考えてみてください。
　「人の管理」については本書の第5章に，「経営者と労働者の関係」について

は第6章にくわしい説明があります。

4 経営学とは何か

(1)「企業経営の助言」を行うための経営学：アメリカ経営学

　経営学には二つのタイプの経営学があります。一つは「企業経営の助言」を行うための経営学です。**企業経営**とは，企業目的の達成のために，企業の諸活動を全体的に統括する活動のことを意味します。企業の諸活動には，財務，生産，販売など多岐にわたる活動があります。このタイプの経営学は，アメリカ経営学＊とも呼ばれ，アメリカにおいて主として発展した学問です。

　＊　アメリカ経営学に関しては，ダニエル・A・レン／佐々木恒男監訳『マネジメントの思想の進化』文眞堂，2003年を参照。

　企業経営者は，日夜，大きな経営成果を生み出すべく努力しています。そして，その経営成果を生むために企業としてどのような政策をとればよいのかが大きな課題となります。そのような企業経営の実践的な課題に答えるべく生成されたのが，「企業経営の（政策的な）助言」を行うための経営学であるアメリカ経営学です。

　「企業経営の助言」を行うための経営学とは，企業が企業環境の中で最適な企業政策を選択して，それを企業行動として実施し，その結果，経営成果を生みだす一連のプロセスを理論化し，一般化したものです。

　問題は，アメリカ経営学の理論に従って企業の経営政策を構築し，企業行動を行えば，必ず大きな経営成果が得られるのか，ということです。そうとは限らないところに，このタイプの経営学の「科学」としての大きな問題と課題，

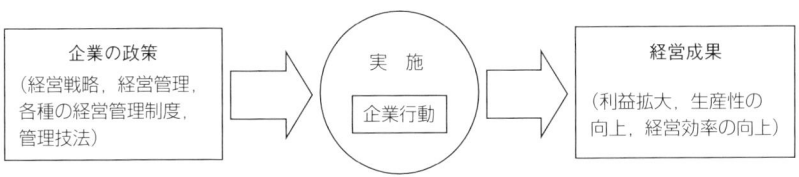

そして学問としての深みがあります。

自然科学では、実験室で繰り返し実験がなされ、「こうすればこうなる」という因果関係が確定されます。みなさんが科学実験室で経験したように、自然科学分野では A (H_2) と B (O) という物質を混合すると、必ず C (H_2O) という物質になります。社会科学である経営学では、「企業の政策→経営成果」という因果関係が研究されていますが、現実の企業では、「企業の政策→経営成果」のあいだにはさまざまなその企業を取り巻く複雑な環境要因や組織内要因が介在しますので、その関係が自然科学のように「いかなる条件でも確定される」わけではないのです。

（2）説明のための経営学

もう一つの経営学のタイプは、企業経営現象を社会科学的に説明することを目的・課題とする経営学です。企業経営現象を社会科学的に説明することを目的・課題とする経営学には、日本において独自の発展をとげた「批判経営学*」とドイツにおいて発展した「ドイツ経営学**」があります。

* 批判経営学に関しては、丸山恵也編著『批判経営学——学生・市民と働く人のために』（新日本出版、2005年）がわかりやすく、参考になります。
** ドイツ経営学に関しては、深山明・海道ノブチカ編著『経営学の歴史』（文眞堂、2001年）に、体系的かつ詳細に論述されています。

本来、経済学、社会学などの社会科学の第一義的な使命は、それぞれの社会現象の全体構造やその内容・問題点等を理論的に説明することにあります。同じように、20世紀初頭に誕生した経営学においても、社会科学としての存立根拠を示すために、企業経営現象を社会科学的に説明することを目的・課題とする経営学が、日本とドイツにおいて誕生したといえます。

企業経営現象を社会科学的に説明することを目的・課題とする経営学では、経済学を基礎理論として展開する経営経済学的・企業経済学的手法や、社会学を基礎理論として展開する経営社会学的手法などがあります。

経営経済学的・企業経済学的手法では、世界経済、国民経済（日本の経済）、

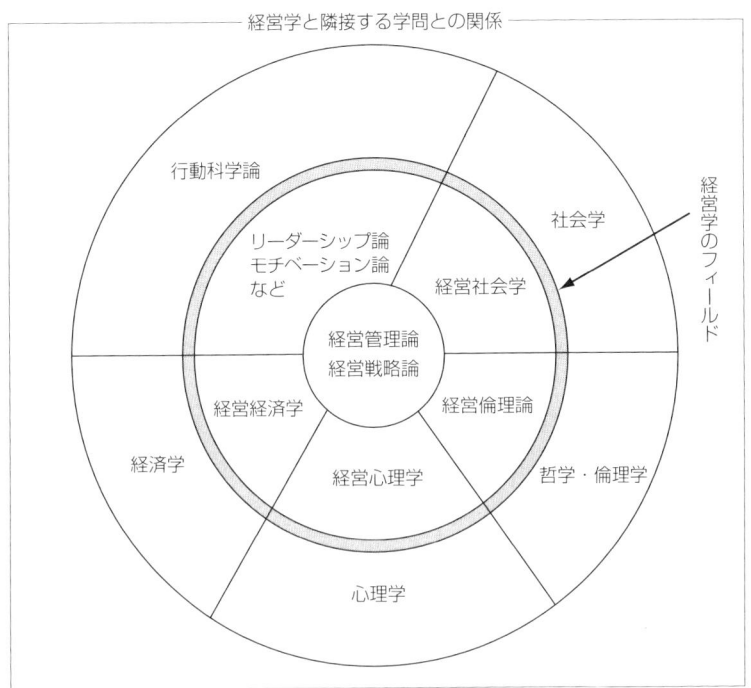

産業経済と個別大企業を規定する経済環境要因の分析がなされます。これにより，経営経済学的・企業経済学的手法では，たんに企業経営について学ぶことにとどまらず，社会（資本主義経済社会）全体についての変化や動向について学習することができます。

経営経済学・企業経済学の視点から企業をみると，企業はトヨタのような巨大企業であっても，世界経済，日本経済という海に浮かぶ船であり，世界経済，日本経済という海を知らなければ，企業という船は運行することはできないといえます。

「企業経営の助言のための経営学（アメリカ経営学）」と「企業経営現象を社会科学的に説明することを目的・課題とする経営学（日本・ドイツの経営学）」の両方を学ぶことには大きな意義があります。それは，「企業経営の助言のための経営学（アメリカ経営学）」は，企業政策の理論を学ぶことを通して企業と

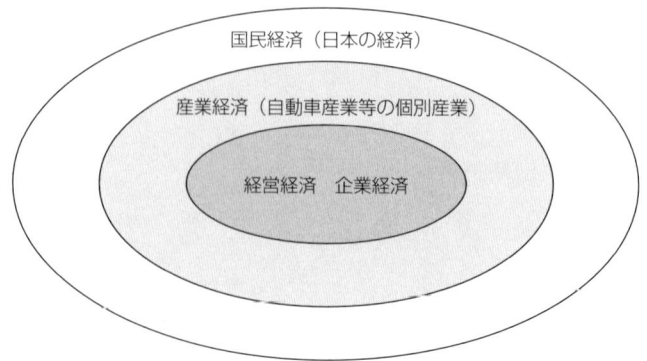

いう船の運行の理論を学ぶことです。「企業経営現象を社会科学的に説明することを目的・課題とする経営学(日本・ドイツの経営学)」を学ぶということは、企業という船が浮かぶ海の状況を把握し、船の構造や問題点、運行上の矛盾を学ぶことになるからです。経済と企業の関係のくわしい説明は、本書の第11章にあります。

(3) 経営と会計の関係

いま学問体系的には、経営学と会計学は、はっきり分かれたものとなっています。しかし、実際の企業経営の中では、経営・管理と会計は決して分離できないものです。人体にたとえると、経営・管理が骨と肉で、会計が血流といえます。まさに、企業経営にとってお金の流れは、血の流れと同じように、止まると企業経営は成り立たなくなってしまいます*。

* 高岡義幸『ビジネスマネジメント』ふくろう出版, 2009年。本書は、会計学(主として財務論・経営分析論)と経営学の両方から描いています。

経営・管理は、経営戦略・経営管理といった企業全体をコントロールする全般的管理と、人事管理・販売管理・生産管理といった個別の管理に分けられます。その中では、会計は経理・会計、資金管理・財務管理として個別の管理の一つして扱われますが、会計活動は企業活動のあらゆる側面に深く関わっています。それは、企業経営活動の第一目的が利潤の獲得であり、会計的判断があ

らゆるレベルで優先されるからです。

　経営学・会計学も学問の出発点では近接していましたが，学問的に発展するにしたがって分化し，独自の発展をみせることになりました。それは，学問的に発展するにしたがって，企業経営という同じ研究対象を取り扱いながらも，経営学も会計学と異なる研究方法と独自の研究対象設定をするようになったからです。

コラム

高校のつらい「勉強」から，大学の楽しく・面白い「学習・研究」へ

「『勉強・学習』と『研究』の違いは何ですか？」こう訊かれて正確に即答できる学生諸君はどれだけいるだろうか。キーワードは「世間」である。もう少し正確にいえば「業界・学界」である。つまり，その学問分野に身をおく者ならば誰でも知っていることを個人的に習得することを「勉強・学習」といい，まだ誰も知らない，あるいは自覚して気づいていないことを発見する営みが「研究」ということになる。

こう書くと読者の中には，「じゃあ何でこのコラムのタイトルは『勉強・学習から研究へ』じゃないんですか？」と思われる向きもあるかも知れない。それは，「何が未知で何が既知なのか」は，ある程度の学習が済んでいないとわからないからである。「勉強」というと「勉強のための勉強」だの「試験に合格するための勉強」という，学び本来の目的からズレた苦痛なシロモノを想定する場合も少なくないので分けて表記しているのだ。

何にどれだけ動機づけられるかは人さまざまとはいえ，暗記中心の勉強というのはある意味で楽（ラク）ではあっても「楽しくない」のが普通であろう。決まりきった問いに対して決まりきった答えを示す。「言われたことだけを言われた通りにやってる方がラクです，自分でモノ考える方が却ってシンドいんです」という人は多分，以下のどちらかである；①ロボット的に生きるのが真に向いている人，または，②ロボット的ではない学びの面白さをまだ体験したことがない人，である。①の人は大学に来てしまったのが不幸以外の何ものでもないとして，②の人にはまだ希望がある。

大学での学びというのは，例えていうならば推理小説かミステリー・ドラマみたいなものである。少なくとも最後まで話が進まないと犯人が誰で動機は何か，どうやって犯行をやってのけたのかは，わからない。そもそも，いろいろな証拠や証言などを集めなければならない。しかも数を集めればいいというものでもない。「今泉慎太郎」や「特命係の亀山ァ」の手合いでは，いくら目の前に山と証拠を積まれたところで事件解決は覚束ない。それらを見てどんな判断を下すか，どれとどれをどう組み合わせるか，どれがガセネタでどれが本ネタか，そういう思考作業の繰り返しである。しかも，大概の場合，ガセネタや役に立たないネタのほうが多いのだ。七曲署の山村精一ではないが極端にいえば「100回に１回本ネタが獲れればそれでいい」かも知れない。

こういうと，「うわぁ，大学の学びってダルそう」という声が聞こえてきそうである。たしかに容易ではない。しかし，いわれたことだけを強制されてするの

とは違って自己裁量と選択肢はグンと拡がっている。そして推理小説と異なって，「真実はいつもひとつ！」ではない面がある。人事管理論的な立場からみると，この現象は好ましいが，生産システム論の立場からみると，好ましくない，といった結論を出し得る。学問上の立場を明確にして正しい知識・情報に基づいて論ずる限り，いろいろな解答が出てきて当然なのである。こういう学びのあり方をほんの少しでも「面白いかも」，「楽しそう」と思えるのであれば，貴方が大学で成長できる可能性は必ずある。

第 I 部

企業とは何か

どんな会社があるのか
―― 業界と企業の形態 ――

Keywords ▶ 企業, 会社, 営利企業, 個人企業, 法人企業, 私企業, 公企業, 公営企業, 公私混合企業（第三セクター企業）, 非営利組織（NPO）, 協同組合, 業種, 業界, 製造業, サービス業, 独占, 寡占, 独占禁止法

　第Ⅰ部では，まずは「企業」について基本的な知識を身につけます。この章では主に，いったい世の中にはどのような業界や企業があり，それぞれがどんな特徴をもっているのかをイメージできることを目指します。また，経営学の対象には，みなさんがイメージするような一般的な企業だけではなく，いろいろな組織があることも学びます。

> **Topics 1**　あなたのその持ち物には，どんな企業が関わっているのでしょうか

　例えば，あなたが今，着ているその服を考えてみましょう。あなたがそれを買ったのはどこですか。デパートや専門店など実際に「店舗」があるところで買うことが多いでしょうが，通信販売で買った人もいるでしょう。いずれにせよそこには，小売業という，製品を消費者の手許に届けることを仕事としている企業があるはずです。通信販売で買った場合には，実際にあなたの手許まで届けた運送業の企業があるはずです。また，製造したメーカーから小売業に届くまでに，「卸売り」という中間的な企業を通す場合もあります（⇨ 第9章）。
　さて，その服はどこかで製造されているはずですが，どこかわかりますか。タグをみれば企業の名前が書いてあることが多いでしょうが，実は，そこに書いてある名前の企業が実際に製造しているとは限りません。そこに書いてある

名前の企業——多くのみなさんが「服のメーカー」だと思っている企業——が商品を企画していても，実際の製造は別の企業に委託している（多くの場合は「下請けメーカー」）ことも多いのです。そして，そうした企業は，近年ではほとんどが日本国内の企業ではなくなっています。タグに書いてある名前は日本の企業なのに，製造国は中国やベトナムなどになっている製品も多いでしょう。

　さらに服の場合，商品を企画する「メーカー」と，デザインをしている企業が別なこともあります。テレビのコマーシャルや雑誌の広告といった宣伝も，実際にそれを手がけているのは広告代理店などの企業です。

　製品の話に戻りましょう。服を作るためには布が必要で，布は糸からできています。糸を布にする，布を服の生地にする，生地を服に仕立てるというそれぞれの工程には，特別なもの以外は機械が使われています。これらの機械を製造したり，メンテナンスをする企業がまた別にあるわけです。また，糸は繊維会社が製造していますが，綿や絹などの天然繊維と，ポリエステルなどの化学繊維があります。化学繊維は石油からつくるので，みなさんにもガソリンスタンドのマークでおなじみの石油企業と関連した会社が，その原料を生産しています。天然繊維では綿をみてみましょう。全世界の綿花生産のほぼ半分が中国とインドに集中しています。綿花は農産物ですから，農家か農業企業がそれを生産しています。さらに綿花生産者に対して，畑にまく種はもちろん，肥料，農薬などを供給している企業もあります。これらは化学製品であることが多いので，天然繊維の場合でも，生産のためには結局はかなりの石油関連企業の製品が使われています。

　こうした服の生産プロセス全体に，当然働く人がたくさんいます。こうした働く人たちが食べているもの，着ているもの，住んでいる家にも，多くの企業が関わっています。また，工場などで必要な電気，燃料，水などもまた他の企業などから供給されます……。

　こうなってくると，もう見当がつかなくなってきた人もいるでしょう。ただ，一つはっきりしていることは，世の中には無数の企業があり，しかもそれらの多くが網の目のように結びついているということです。それゆえ，企業の活動

について知ることは，社会を知る入り口の一つでもあるのです。また，みなさんの知らないたくさんの企業が，実はみなさんの生活に密接に結びついていることも理解できると思います。

Topics 2　世界と日本の大企業

では，そんな無数の企業の中でも「大企業」（⇨第3章）と呼ばれるような企業にはどんなものがあるでしょうか。

まずは，表1-1をみてみましょう。世界で収入の大きい企業ですが，いくつ知っていますか？　なんの会社なのかわからないものもあるでしょう。また，どこの国の企業が入っていると思いますか？

表1-1　世界の企業　収入ランキング

（単位：100万ドル）

	2004年		2010年	
1	Wal-Mart Stores	287,989	Wal-Mart Stores	421,849
2	BP	285,059	Royal Dutch Shell	378,152
3	Exxon Mobil	270,772	Exxon Mobil	354,674
4	Royal Dutch/Shell Group	268,690	BP	308,928
5	General Motors	193,517	中国石化（Sinopec）	273,422
6	DaimlerChrysler	176,688	中国石油（Petro China）	240,192
7	トヨタ自動車	172,616	国家電網（State Grid）	226,294
8	Ford Motor	172,233	トヨタ自動車	221,760
9	General Electric	152,866	日本郵政	203,958
10	Total	152,610	Chevron	196,337

（注）　データ公表企業のみ。
（出所）　"Fortune Global 500"．

表1-2は日本で収入の多い企業です。こちらは聞いたことのある名前が多いでしょうが，おや，意外に有名企業が入っていませんね。例えばマクドナルドは？　セブンイレブンは？　どうなのでしょう。

いっぽう，表1-3と表1-4は，世界と日本で利益の大きい企業です。収入でみるのと顔ぶれが違うことがわかるでしょう。

「大企業」としてみなさんが思い浮かべるのは，銀行や自動車メーカーなど

第Ⅰ部　企業とは何か

表1-2　日本の企業　売上高ランキング（連結決算レベル）

（単位：100万円）

	2004年		2010年	
1	トヨタ自動車	18,551,526	三菱商事	19,233,443
2	NTT	10,805,868	トヨタ自動車	18,993,688
3	日立製作所	9,027,043	伊藤忠商事	11,392,589
4	松下電器産業（現パナソニック）	8,713,636	NTT	10,305,003
5	本田技研工業	8,650,105	三井物産	9,942,472
6	日産自動車	8,576,277	JXホールディングス	9,634,396
7	ソニー	7,159,616	日立製作所	9,315,807
8	東芝	5,836,139	丸紅	9,020,468
9	東京電力	5,047,210	本田技研工業	8,936,867
10	新日本石油	4,924,168	日産自動車	8,773,093

（注）　上場企業のみ。
（出所）　『日本経済新聞』2005年6月29日付朝刊および同社サイト「売上高ランキング」（2010年度決算）。

表1-3　世界の企業利益ランキング

（単位：100万ドル）

	2004年			2010年		
1	Exxon Mobil	3	25,330	Nestle	42	32,843
2	Royal Dutch/Shell Group	4	18,183	Gazprom	35	31,895
3	Citigroup	16	17,046	Exxon Mobil	3	30,460
4	General Electric	9	16,819	中国工商銀行	77	24,398
5	BP	2	15,371	Royal Dutch Shell	2	20,127
6	Bank of America Corp.	52	14,143	中国建設銀行	108	19,920
7	ChevronTexaco	11	13,328	AT&T	30	19,864
8	Total	10	11,955	Petrobras	34	19,184
9	HSBC Holdings	36	11,840	Chevron	10	19,024
10	Pfizer	75	11,361	Microsoft	120	18,760

（注）　データ公表企業のみ。表内順位は収入ランキングの順位。
（出所）　"Fortune Global 500".

が多いのではないでしょうか。たしかにそうした企業も入っていますが，石油関係や保険業の企業なども上位に入っています。値段（価格）が高い製品やサービスを扱っている場合や，石油企業のように非常に大量のものを扱っている場合には収入が大きくなります。しかし，価格が高い製品などは生産における費用がかかるからこそ価格が高いので，必ずしも収入の大きい企業が利益も大きいとは限りません。こうした違いも意識しながら企業のことをみていく必

表1-4 日本の企業 経常利益ランキング

(単位：100万円)

	2004年		2010年	
1	トヨタ自動車	1,754,637	日本電信電話（NTT）	1,175,797
2	日本電信電話（NTT）	1,723,812	NTT ドコモ	835,338
3	NTT ドコモ	1,288,221	本田技研工業	630,548
4	日産自動車	855,700	トヨタ自動車	563,290
5	本田技研工業	656,805	日産自動車	537,814
6	JFE ホールディングス	460,684	三菱商事	534,297
7	武田薬品工業	442,111	ソフトバンク	520,414
8	東京電力	408,238	国際石油開発帝石	508,587
9	新日鉄	371,446	KDDI	440,676
10	関西電力	297,801	日立製作所	432,201

(注) 上場企業のみ。
(出所) 『日本経済新聞』2005年6月29日付朝刊および同社サイト「売上高ランキング」（2010年度決算）。

要があります*。

* 収入・売上・利益・純利益

　これらの言葉の違いを理解しておきましょう。詳しくは会計を学んでほしいのですが，本書の理解に最低限必要なものを説明しておきます。

収入：単純に，その企業が自分のものとした金銭をすべて含む。収益ともいう。次に説明する売上のほか，例えば預金の利息などその企業の事業に直接関係ない収入（営業外収益）も含む。消費税のように預かっているだけの金銭は収入ではない。

売上：その企業が販売している製品やサービスと交換に手に入れた金銭。

利益：一般には，売上から費用を引いた残りを指すが，何を費用に含めるかによっていくつかの段階がある。また，企業全体の利益を考える場合には，売上以外の収入も考慮に入れる場合がある。

売上総利益（粗利益）：売上から原価（例えば自動車なら原材料費，人件費，工場の運転にかかる費用，販売店までの輸送費など）を差し引いたもの。

営業利益：売上総利益から販売経費や一般管理費（宣伝費や，本社の費用）を差し引いたもの。

経常利益：営業利益に営業外収益（預金の利息など）を加え，営業外費用（借金の利息など）を引いたもの。

純利益：経常利益に特別利益を加え，特別損失を引いたもの。

第Ⅰ部　企業とは何か

Topics 3　いろいろな業界と代表的な企業

それでは次に，日本の主要な業界と代表的な企業について少し紹介しましょう。みなさんがよく知っている業界だけでなく，あまり一般には知られていない業界も取り上げて比較してみました。業界1位などの主要企業の売上や純利

表1-5　主な製造業種とその代表的企業

(単位：億円)

		売上高	営業利益	売上高営業利益率(%)
自動車・機械				
自動車	トヨタ自動車	189,936	4,682	2.5
建設機械	小松製作所（コマツ）	18,431	2,229	12.1
造船・重機械類	三菱重工業	29,037	1,012	3.5
電気機械・コンピュータ				
家電	パナソニック	87,926	3,052	3.5
コンピュータ	日本電気（NEC）	31,154	578	1.9
半導体	ルネサス・エレクトロニクス	11,378	145	1.3
電子部品	京セラ	12,669	1,559	12.3
素材				
鉄鋼	新日本製鐵	41,097	1,656	4.0
化学	三菱ケミカル	31,667	2,264	7.1
繊維	東レ	6,511	357	5.5
エネルギー				
石油	JX	96,343	3,344	3.5
電力	東京電力	53,685	3,996	7.4
ガス	東京ガス	15,352	1,224	8.0
建設				
建設	鹿島建設	13,256	172	1.3
住宅	大和ハウス工業	16,091	876	5.4
生活用品・食品				
化粧品	資生堂	6,706	444	6.6
アパレル	ワールド	3,055	89	2.9
食品	味の素	12,076	693	5.7
飲料	アサヒビール	14,894	953	6.4

(出所)　『2012年版　業界地図最新ダイジェスト』高橋書店。

益を比較してみると，企業や業界の規模や利益が，必ずしも一般的な知名度やイメージとは一致しないことがわかります。世界と日本の主要企業と同じく，こうした点に注意していろいろな企業への関心を広げていくことが，今後の学習や就職活動の上でも重要になってきます。**表1-5**は製造業，**表1-6**はサービス業の事例を取り上げています（データは2011年3月決算，売上や利益は会社全

表1-6 主なサービス業種とその代表的企業　（単位：億円）

		売上高	営業利益	売上高営業利益率(%)
金融				
銀　行	三菱UFJ	45,289	6,464	14.3
生命保険	日本生命	48,964	2,310	4.7
通信・情報				
通　信	NTTグループ	103,050	12,149	11.8
ウェブサービス	ヤフー	2,924	1,596	54.6
ネット通販	楽　天	1,440	410	28.5
流　通				
商　社	三菱商事	192,334	3,161	1.6
百貨店	三越伊勢丹	12,207	109	0.9
スーパー	イオン	50,965	1,723	3.4
コンビニ	セブンイレブン	29,476	1,691	5.7
専門量販店	ヤマダ電機	21,532	1,227	5.7
上　同	ファーストリテイリング	8,148	1,323	16.2
交　通				
航　空	日本航空	13,622	1,884	13.8
陸　運	日本通運	16,171	316	2.0
鉄　道	JR東日本	25,373	3,450	13.6
観光・旅行				
旅　行	JTB	11,666	81	0.7
ホテル	帝国ホテル	509	17	3.3
レジャー	オリエンタルランド	3,561	536	15.1
その他				
外　食	日本マクドナルド	3,237	281	8.7
不動産	三井不動産	14,052	1,200	8.5
広　告	電　通	18,334	509	2.8

（出所）『2012年版　業界地図最新ダイジェスト』高橋書店．

体のもの)。

> **解説** 企業の分類，企業の種類

1 企業とは

(1) 企業と会社

そもそも「企業」とは何でしょうか。また，「会社」との違いはどんなところでしょうか。

企業とは，最も広い意味では，なんらかの目的をもって事業活動を行う経済主体（自立した意思決定のもとに経済に関与する単位）のことを指します。ただ，厳密な定義はありません。一方**会社**とは，法律上は「会社法」に定められた株式会社（旧有限会社を含む），合名会社，合資会社，合同会社といった，営利を目的とする法人（法人格を有する団体組織）を指します。日常用語では「企業」と「会社」はあまり区別されていませんが，企業には会社でない事業組織（個人企業，公企業など）を含んで考えることが多いので，「企業」のほうが広い概念だといえます。

また，企業のうち，利益を目的として事業を行う企業を**営利企業**といいます。ただ単に企業という場合には，この営利企業だけを指すことが多いので，注意が必要です。

(2) 個人企業，法人企業

まず企業は個人企業と法人企業に分かれます。本来，お金を借りる，契約を結ぶ，法律上の許可をとるなどという行為には権利や義務が伴いますから，「誰か」がその権利や義務が帰属する主体となる必要があります。実際にも個人がその主体になる場合と，組織体に法律上「人」と同じ資格（法人格）を与えてその組織を権利や義務の主体として認める場合があります。どのような組織を法人とするのかなどは，民法，商法などの法律で規定されています。

特定の個人が全責任を負う形で運営される企業が**個人企業**，法人格を認められた組織が権利や義務の主体となっている企業が**法人企業**です。おじさんが一人でやっている喫茶店の多くは個人企業で，全国チェーンが直営するカフェの店は法人企業の支店ということになります。個人企業の場合，自分の資金で事業を起こし，自分の判断で事業を進めることができ，利益もすべて自分のものにできますが，借金を抱えて事業がつぶれた場合には，その借金はすべて自分の責任で返さなくてはいけません。法人企業の場合は，企業の形態によって運営，利益，責任についていくつかのパターンがあります。

（3）私企業と公企業

政府や自治体ではなく，なんらかの形で民間が設立する企業を**私企業**といいます。日本では，企業のうち圧倒的多数は私企業です。これに対して，法律などに基づき，国や自治体などが出資・運営し，公共的な目的のために事業活動を行う企業が**公企業**です。公企業のうち特に地方自治体が出資・運営するもので，法律に定められた分野の事業を行うものを**公営企業**といい，水道や公営交通（バス，地下鉄）などがあります。なお，公共的な目的といえる事業を行う企業であっても，鉄道や電気，ガスなどは大半が私企業かつ営利企業であり，これらを公益企業と呼ぶことがあります。

また，政府や自治体と民間が共同で設立する企業もあり，**公私混合企業**あるいは**第三セクター企業**などと呼ばれています。

（4）非営利組織

営利企業に対して，今日では利益を目的としないさまざまな組織があります。なんらかの目的を達成するために存在し，営利を目的としない組織が**非営利組織**（NPO：Non Profit Organization）です。行政機関や先に述べた公企業なども広い意味では非営利組織に含まれますが，多くの場合は民間が中心となって設立したものを非営利組織と呼びます。非営利組織には，企業のように開かれた事業を行う組織（学校，病院など）もあれば，組織に参加しているメンバーのため

だけに存在している組織（学生のサークル，労働組合など）もあります。

ただし，最近では形式上非営利組織に分類される組織でも，実際には事業活動によって利益に近いものを発生させ，それをなんらかの形で出資者に分配している組織（生協〔生活協同組合〕や農協〔農業協同組合〕など）もあります。逆に形式上は営利企業でも社会的目的のために活動している企業（例えばフェアトレードを行う企業 ⇨ 第14章）もありますので，形式的な分類だけでは理解できにくくなっています。

非営利組織の中で，共通する目的のために個人または組織が集まって出資して，共同で事業体を設立して共同で所有し事業活動を行う組織を，特に**協同組合**といいます。法律に基づく協同組合としては生協，農協などのほか，名称が「協同組合」ではなくても信用金庫，信用組合などの金融機関や商店街振興組合なども協同組合に分類されます。また，保険会社の一部も「相互会社」として形式的には保険加入者が出資して相互に扶助しあう非営利組織となっています。

（5）出資者の責任と出資形態による法律上の区分

会社を起こし，運営するにあたってお金を出す出資者について，その責任と出資の形態によって法律上の区分があります。今日では，営利企業である法人企業のほとんどは株式会社と考えてよいのですが，成立時の経緯などなんらかの事情がある場合には，他の企業形態をとることがあります。株式会社と合同会社の仕組みについては後で詳しく説明しますので，ここではそれ以外の形態について簡単に説明しておきます（⇨ 第2章）。詳しくは会社法を学んでください。

合名会社とは，個人企業の事業主が何人か集まって出資し，共同で事業を行うものです。このため，経営方針や利益の分配はそうした出資者のあいだで相談して決め，自分たち自身で事業を運営します。もし借金を抱えてつぶれてしまった場合には，出資者全員で分担して，個人の資産を使ってでも借金を返さなくてはいけません（こうした責任のとり方を無限責任といいます）。また合資会

社とは，合名会社に加えて，自分たちの出資した金額までしか責任をもたない（有限責任）出資者からの出資も加えて事業を運営する企業です。有限責任の出資者は，たとえこの会社がつぶれても，自分が出資した資金が返ってこないだけで，それ以上の責任を負わされることはありません。ただ，そうした出資者も事業の運営などには関わることが原則です。いずれも主に規模の小さい企業です。

なお，かつては「有限会社」というものがありました。これは，50人以下の有限責任である出資者を有し，資本金が300万円以上である会社でしたが，2006年の会社法制定によって株式会社の資本金に下限がなくなったため（それまでは1000万円），有限会社は制度として廃止され，新規の設立はできなくなりました。既存の有限会社は，制度上株式会社の一種である特例有限会社に移行しましたが，社名の変更が義務づけられなかったので，現在でも「有限会社」を名乗る会社があります。

（6）大企業，中小企業

企業を規模の面で分類することがあります。日常用語でも使われますが，中小企業基本法には中小企業と小規模事業者について規定されていて，逆にいうと，中小企業より大きな企業が大企業ということになります（⇨第3章）。

2 業種や業界

企業はふつう，「業種」や「業界」ごとに分類されます。**業種**とは事業の種類で，「当社は自動車製造業です」という場合の「自動車製造業」が業種です。**業界**とは，それぞれの事業の種類ごとに集まる企業をグループとして捉えて指す場合に，「トヨタ，日産などの自動車業界」というように使います。なお，一つの企業または企業グループが複数の業界にまたがっていることはめずらしくありません。例えば京セラは，もともと社名にもあるようにセラミックス製造業でしたが，今日では電子部品や情報通信機器のほうが売上の多くを占める

ようになっています。

　業種・業界をどのように分類するのかは，経営学の上ではまず，製造業とサービス業の違いをおさえておく必要があります。この二つは，取り扱う「商品」の種類が根本的に違うので，経営上さまざまな違いが生じてきます。**製造業**とは形のあるモノを製造し，販売するもので，例えば自動車メーカーがそうです。他方**サービス業**とは人やモノ，組織の活動や機能のみを提供する企業で，同じ自動車を扱っていてもレンタカー会社はサービス業です。

　なお，「サービス」は日常用語では「おまけ」「奉仕」などの意味に使われますが，企業や組織の経営を考える場合には，人やモノ，組織の活動や機能を提供することを指します。「飲食サービス」とは，レストランや喫茶店が提供するサービスのことで，食べ物や飲み物がおまけについてくることではありません。

　また，スーパーや一般の商店，さらにはネット通販などを総称して「小売業」といいますが，これらはサービス業に分類されます。「モノを売っているじゃないか」と思うかもしれませんが，これらの企業は「製造メーカーと消費者のあいだでモノとお金の交換を媒介（なかだち）するという活動を提供している」と考えられます。

　なお，統計上は総務省による日本標準産業分類（**表1-7**）が用いられることが多くなっています。「業種」という場合には，この分類の中分類レベルを指すことが実際には多いようです。

表1-7　日本標準産業分類の大分類

A　農業	H　情報通信業	N　医療，福祉
B　林業	I　運輸業	O　教育，学習支援業
C　漁業	J　卸売・小売業	P　複合サービス事業
D　鉱業	K　金融・保険業	Q　サービス業（他に分類されないもの）
E　建設業	L　不動産業	R　公務（他に分類されないもの）
F　製造業	M　飲食店，宿泊業	S　分類不能の産業
G　電気・ガス・熱供給・水道業		

（注）　さらに詳しい分類は総務省統計局のサイトを参照（http://www.stat.go.jp/index/seido/sangyo/3-1.htm）。

3　寡占と独占

　特定の企業が，ある業種・業界の中で非常に大きな地位を占める場合があります。一つの業界の中にほぼ完全に1社しかいない状態が**独占**，有力な数社がほとんどを占めている場合が**寡占**です。

　独占や寡占の状態では，企業が消費者に対して圧倒的に有利になります。なぜなら，消費者がそれを求める時にはその一つまたは少数の企業の提供する製品やサービスを求めるしかないため，価格や品質の面で企業側のいいなりにならざるをえないからです。

　長年の消費者運動などによって企業の勝手な行動には規制がかかるようになりました。例えば，**独占禁止法**によって，企業が相談して製品やサービスの価格を一定の水準でそろえてしまい，消費者が選択できないようにすることは原則として禁止されています。しかし，業界トップ企業に「自主的に」他社が追随するなどによるこうした動きはまだみられます。

論点　カフェを経営したいと思います。自分で個人企業として開業するほうがよいですか？　それともどこかのチェーン店の店長になるほうがよいですか？

▶ヒント！
　○論点を考える上での参考図書――
　　鳥羽博道『ドトールコーヒー「勝つか死ぬか」の創業記』日経ビジネス人文庫，2008年。
　　松田公太『すべては一杯のコーヒーから』新潮文庫，2005年。
　　　日本のカフェ・チェーン大手のドトールとタリーズ，それぞれの創業者による手記。みなさんはこれを読んで「論点」をどう感じるでしょうか。

第2章 会社は誰のものか

Keywords ▶ 株式会社, 株式, 株主, 証券取引所, 上場, 株価, 株主総会, 取締役（会）, 執行役（会）, 監査役（会）, 合同会社, ステークホルダー, コーポレート・ガバナンス

Topics　インド企業・中国企業による日本企業の買収

　インドの製薬会社大手ルピンは2007年10月10日，日本のジェネリック（後発）医薬品メーカーである共和薬品工業の総株式の過半数を取得し，買収したことを明らかにしました。ルピンのデシュ・バンドゥ・グプタ会長は，「今回の株式取得は，国際市場への進出を狙う当社にとって重要な一歩だ。世界第2位の規模をもつ医薬品市場に橋頭堡(きょうとうほ)を築くことになる。当社は日本のヘルスケア市場に長期的に関わっていきたいと考えており，今回の買収はその始まりとなるだろう」と語っています。

　日本の共和薬品工業は，日本において10位に入るジェネリック医薬品メーカーであり，その製品は，精神疾患薬から心臓血管用の医薬品，消化剤まで多岐にわたります。日本全国に販売網をもつ同社に，ルピンの研究開発力と国際的な販売網が加わることで，大きな相乗効果を得られるだろうと，グプタ会長は期待を示しています。

　また，2010年5月24日，レナウンは，中華人民共和国山東省の繊維会社である山東如意科技集団有限公司との間で，資本業務提携契約を締結しました。そして，2010年7月29日に臨時株主総会を開催し，同総会での承認後，2010年7月30日に，山東如意科技集団に対して約40億円の第三者割当増資を実施し，同

集団が投資ファンドのネオラインホールディングスを抜いて筆頭株主（41.18％出資）となり，事実上の中国企業による日本の歴史ある繊維大企業レナウンの買収と話題を呼びました。買収の結果，レナウンの取締役のうち3名は，山東如意科技集団が指名する者になりました。最近，中国大企業による経営不振の日本企業の買収の動きが進んできています。

　このような買収劇は，株式会社の仕組みによって起こります。そこで株式会社の仕組みについて，基礎からなぜこのような買収劇が起こるのかについて，この章では学ぶことにしましょう。

１　株式会社の仕組み

（１）株式会社・株式とは何か

①株式会社とはどのようなものか

　株式会社とは，原理的には，事業というのは「ひと儲けしよう」と考えた個人が自分の資金を投入したり，結託した数人がお金を出し合う程度からはじまります。歴史的にみても大昔はそうでしたし，今でもゼロから会社を起こす場合にはそうしたことはめずらしくありません。この場合，儲かれば自分のものにするか，仲間で山分けできますが，もし損失を出して会社がつぶれたら（＝借金が返せないとか，ツケが払えないとか），その分は自分たちで全部背負いこまないといけません。

　最初のころはそれでよくても，だんだん規模が拡大していくと自分たちの資金や儲けから一部を回すだけでは足りなくなってきます。そこで多くの人や他の会社からもお金を出してもらおうと考えますが，多くの責任がついて回るのではみんな出資を躊躇します。このため，「お金を出すだけでいいから，もしつぶれても出した分がなくなるだけで，他の責任は負わせないから（有限責任），もちろん儲かったら出した分に応じて儲けを分配（配当）するから」と約束して，お金をできるだけたくさん出してもらおうとするわけです。やがて，「お金を出す」ということは，利益の分配などを保証する証券（株式）を購入する

というだけの行為に変わってきます。これが株式会社の原理です。不特定多数の存在から1件あたりは少額の資金を多くの件数集めることで，特定の存在に依存しない多額の資金を集めることができるというわけです。そして，歴史的にみれば，**株式会社**とは，一定数の株式を発行して，株主がその有する株式の引受額を限度として出資義務を担う会社ということになります。株式とは，難しくいうと，会社を，一個一個均一に細分化されたひと株ごとの小さな単位（ツブ）に小分けにしたものです。ちなみにこうして株式として集められた事業のもとになる資金を，「資本」と呼びます（簿記会計における「資本」とは概念が異なります）。今日の経済システムを「資本主義」というのも，つまるところこの「資本」の動きが経済現象の基礎をなすからです。

以前は，株式会社の資本金が1000万円以上であることが決められていましたが，2005（平成17）年6月29日，第162回国会で「会社法」（以下，「新会社法」）が成立し，2006（平成18）年5月1日から施行された新会社法では，この最低資本金制度が撤廃され，資本金1円でも株式会社を設立することができるようになっています。ただし，会社法の458条では，株式会社の純資産額が300万円を下回る場合には配当できないと，一定の資産を会社が保有しない場合の規制を設けています。

②株式会社の仕組み——出資の仕組みと株主の権利

今日では，事業を起こす場合に最初から株式を発行して広く資金を集めることはごく普通です。今日では，資金を出す，ということは「株（株主の権利を証明する株式）」を購入するということになります。

株式を購入した株主は，剰余利益の配当を受ける権利があり，利益のために経営について発言権があります。具体的には，株主総会で発言し，取締役を選任することができます。この場合の議決権は，1株1票なので，株式をたくさんもっている大株主は強い影響力をもちます。剰余利益は，総売上高から商品の原価や従業員の給与，営業・販売に関わる経費，企業の損失，そして，税金などを支払った最終的な利益を意味します。この点は，会社の損益計算書の最終利益（当期利益：剰余利益）の計算方法をみればよくわかります。

③株と株主とは

　商法上、**株式**は有価証券であり、その所有者を**株主**といいます。「株」とは株式の俗称です。ある企業の株式を所有しているということは、その企業に対して、株式の額面分の資金を出しているということを意味します。つまり、株主とは企業の出資者を指すことになります。昔は、株券は紙の証書でしたが、今は電子化され、紙の証書はなくなりました。ただし、今でも、定款で定めることにより株券を発行することも可能となっています。

　株主になると株主としての権利（株主権）を得ます。株主権としては、剰余利益を受け取ることができる権利や議決権などがあります。

　新会社法では、株券は定款に株券発行の定めがない限り発行されないことになりました。それはこれまで、次に、紹介するような株式を証券取引所（金融商品取引法でいえば「金融商品取引所」）に上場する公開会社などを除くと、多くの株式会社で株券は発行されていませんでした。会社法では、原則と例外が逆転し、定款で定めることにより株券を発行できることになりました。

④株式の売買と上場

　株主権は他の人へ譲渡することができます。つまり、株式を売買することができます。もちろん、非公開で取引してもよいのですが、一般の商品と同じように公開の場で取引することができるように、**証券取引所**というものがあり、一定の資格を満たした企業の株式を証券取引所に登録すれば、証券取引所において自由に売買することができます。この登録を上場(じょうじょう)と呼びます。上場のためには所定の審査基準があります。

　上場すると、資金調達や信用力がよくなる、いわゆる一流企業とみなされるなどのメリットがあるため、新しく設立された企業は上場を目指すことが少なくありません。取引所に上場されている株式は上場銘柄とか上場株と呼ばれます。なお、上場後も上場廃止基準に該当すると上場廃止となります。証券取引所は現在、札幌証券取引所・東京証券取引所・名古屋証券取引所・大阪証券取引所・福岡証券取引所があり、また新しい企業のために上場基準を緩和するなどして上場しやすくした東証マザーズ、ジャスダック（JASDAQ）、ヘラクレ

スなどの取引所などもあります。

⑤株価は何で決まるか

上場された株式の価格（株価）は，直接には株式市場（証券取引所）のもとで，供給サイド（売りたい人）と需要サイド（買いたい人）のバランスにより売値（買値）が変動し，双方の合意により取引が成立することによって株式の市場での価格，すなわち**株価**が決まります。ただ，日々の株価の水準は，その企業の今後の業績についての見通し，株価全体の動向，銀行の利息を左右する公定歩合の動向，為替レートなど投資に関わるいろいろな要素が複雑にからみあって決まってきます。

（2）株式保有比率による主な株主権と義務

さて，ではどのくらいの株式を保有するとその企業を支配できるのでしょうか。

1％以上	議案提案権
	総会検査役選任請求権
3％以上	総会招集請求権
	取締役・監査役解任請求権
	会計帳簿閲覧請求権
5％超	大量保有報告義務（5％ルール）
10％以上	会社解散請求権
20％以上	放送局では外国保有比率が20％に達すると放送免許が取り消される（電波法）。放送法により名義書換請求を拒否できる。
3分の1超	総会の特別決議阻止
50％超	経営権取得・取締役の選任
3分の2以上	総会で特別決議可能・取締役の解任
75％	上位10人などの保有株がこれに達すると，1年間の猶予期間後上場廃止
90％	上記の少数特定者の比率が達すると直ちに上場廃止となる。（3月末決算会社は7月末に上場廃止になる）

このように，何％をもってその企業を「支配」するといえるのかが違ってきます。50％を超えると株主総会での通常の議決はすべてコントロールできますから，経営権を取得したといえます。しかし，取締役を解任するためには3分の2以上の株式をコントロールする必要があります。とはいえ，上場企業の場合，株式の所有が広く分散しているため，実際には過半数を下回る株式の保有によっても，実質的には支配権を行使できる場合も少なくありません。

(3) 株式会社の意思決定の仕組みとは

①株主総会

株主総会は，株式会社の実質的所有者たる株主が集まって開く最高意思決定機関です。

株主総会では，定款（会社の憲法といわれる）の変更，会社の解散や営業権譲渡の決定，取締役や監査役の選任や解任，決算や剰余金の配当の決定などが行われます。

新会社法においては，役員賞与については，常用金の配当案を株主総会で承認するという形ではなく，役員報酬について株主総会で決議する際に，役員賞与も報酬に含めて株主総会の決議を得る形に変更されました。

②取締役（会）

取締役は，株主総会で選任され，取締役会をつくります。第4章で説明しますように，従来型の監査役設置会社では，取締役会が，監査役会の監査の下，経営計画の策定から業務の執行までを担います。委員会設置会社では，取締役会が経営計画等に関する意思決定を行い，執行役に業務の指示を行います。そして，執行役・執行役会が業務執行をしっかり行っているかをチェックします。代表取締役は，取締役会で選ばれた，会社を代表する存在です。代表取締役が，社長になるケースが多いようです。

③執行役（会）

委員会設置会社の形態をとる場合，**執行役**は，取締役会から選ばれ，業務執行を行う存在です。執行役は，集まり，執行役会をつくり，会社の業務執行全

第Ⅰ部　企業とは何か

般を担います。委員会設置会社における執行役会の設置は，執行役会が業務執行の意思決定を担い，取締役会からの執行の分離の徹底を図ることです。委員会設置会社と従来からの監査役設置制度の会社の違いについては，本書の第4章に詳しく書かれています。

　④監査役（会）

　監査役は，監査役設置会社のスタイルをとる会社におかれるもので，監査役は，株主総会において選ばれ，株主に代わって会社の帳簿書類の調査を行い，株主総会に報告します。会計だけでなく取締役の業務も監査する役割を担っています。

　株式会社には，上記のような株主総会や取締役をはじめとして，取締役会，監査役などさまざまな種類の機関がありますが，先に紹介した新会社法では，⑤会計参与が新たに導入されました。会計参与は，取締役と共同して計算書類の作成・説明・開示等を行う会社内部の機関で，税理士・公認会計士等の会計専門家からなります。設置は完全に会社の任意であり，強制はありません。

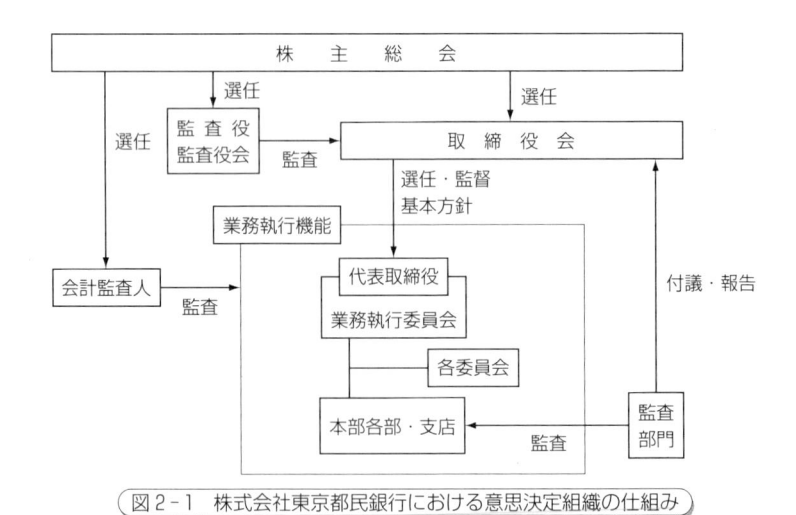

図2-1　株式会社東京都民銀行における意思決定組織の仕組み

（出所）　東京都民銀行ホームページ（http://www.tominbank.co.jp/toko/taisei/index.html）。

第 2 章　会社は誰のものか

> **論点**　インド企業や中国企業などの外資系企業に買収された日本企業はどのように変わりますか？
>
> ▶ヒント！
> 　日本企業では，第 5 章で書かれているように，日本企業独特の「日本的経営」を行ってきました。それが，インドや中国の企業に日本の企業が買収されることで，その「日本的経営」は変わるのでしょうか。また，インドや中国の企業が，何を目的に日本の企業を買収するかによっても，日本の企業の運命は変わります。その点についても，考えてみましょう。
> 　○論点を考える上での参考図書──
> - 梶田幸雄・田漢哲・菊地正俊『中国企業の日本企業 M&A』蒼蒼社，2011年。
> - 淵邊善彦『企業買収の裏側──M&A 入門』新潮新書，2010年。

② 所有と経営の分離

　株主は，企業を成り立たせている基礎となる資本を出資しているので，株主が企業の所有者ということになります。原理的には，企業は株主に配当するために活動するわけですから，本来は株主が全体として経営に責任をもつことになります。ところが実際にはたくさん存在する株主の誰かが経営するというよりは，取締役として選任された「誰か」に経営を任せることになります。この「誰か」は株主とは限らないので，所有と経営の分離が起こってきます。これが進んで，今日では経営者が必ずしも株主の意向に添わず自分たちの判断で経営することも増えています。こうした経営者の役割については，第 4 章で取り上げます。

③ 合同会社

　新会社法で新たに認められた会社の形態としては，**合同会社**があります。合同会社は，有限責任社員のみで構成され，かつ組織の内部自治を認める新たな

会社類型で，有限責任事業組合（LLP：Limited Liability Partnership）とともに，創業やジョイントベンチャーなどでの活用が期待されています。

合同会社は，下記のような点が特徴です。

有限責任制

合名会社や合資会社と違い，社員（出資者）は出資額の範囲までしか責任を負いません。

内部自治原則

株式会社と違い，利益や権限の配分が出資金額の比率に拘束されません。また，取締役会や監査役のような機関を設置する必要がありません。

社員数

社員1名のみの合同会社の設立・存続が認められます。

意思決定

社員の入社，持分の譲渡，会社成立後の定款変更は，原則として社員全員の同意によります。

業務執行

各社員が原則として業務執行権限を有しますが，定款で一部の社員のみを業務執行社員と定めることも可能です。

決算書の作成

貸借対照表，損益計算書，社員資本等変動計算書の作成が必要です。

▶新会社法については，中小企業庁のホームページをみてさらに詳しく知ろう！「よく分かる中小企業のための新会社法 33問33答」(http://www.chusho.meti.go.jp/zaimu/kaisya/kaisyahou33/kaisyahou.htm)

　　○新会社法の推薦図書──
- 河合保弘『誰でもわかる新会社法の超入門』シーアンドアール研究所，2007年。
- 浜辺陽一郎『図解 新会社法のしくみ』東洋経済新報社，2006年。

4 今日の諸問題

(1) ステークホルダーとの関係

投資家保護という観点が狭い株主の利益だけを追求することから，別な問題を生み出す危険が指摘される中で，最近ではステークホルダーという概念が示されるようになっています。**ステークホルダー**（stakeholders：利害関係者）とは，その支持がなければその企業が存続できないような個人・集団を指し，一般的に，その企業に利害関係のある個人・集団です。ステークホルダーは，具体的には，株主，従業員，顧客，債権者，納入業者，地域社会，政府，環境団体や環境団体，マスコミ，政府などを意味しています（図2-2）。

短期的な利益追求ではなく，社会の中で「永続事業体」（going concern：ゴーイング・コンサーン）として存在し続けるためには，多様な利害関係者との良好な関係を築く必要があるという考え方です。

図2-2 企業とステークホルダーの関係（日本板硝子NSGグループの事例）

（出所）日本板硝子株式会社ホームページ（http://www.nsg.co.jp/csr/management/index.html）。

（2）コーポレート・ガバナンス

コーポレート・ガバナンスは「企業統治」と訳され，狭い意味では，取締役会の中でも最高経営責任者（日本的には会長や社長，専務など）が，取締役会や株主総会といった意思決定機関に対してどのような責任のとり方をするのか，ということです。広い意味では，社会や政府からの企業活動の監視という意味で用いられることもあります。

80年代以降，アメリカをはじめ各国で，最高の地位にある経営者の不正などが明るみに出て問題になるケースが多くありました。このため，そうした人たちの責任を明確にして，不正などを防ぎ，なにかあったときの責任のとり方をはっきり決めておくことが重視されるようになりました[*]。具体的な中身はさまざまですのでここでは詳しく説明しませんが，コトバとその意味するところは覚えておいてください。

>   * ケネス・A・キム，ジョン・R・ノフシンガー／加藤英明・高山純一・平元達也訳『コーポレートガバナンス——米国にみる「企業価値」向上のための企業統治』ピアソン・エデュケーション，2005年。

第3章 会社の一生
―― ベンチャーから大企業への成長プロセスと
倒産・清算 ――

Keywords ▶ 起業家，ベンチャー企業，親会社，子会社，合弁会社，小企業，中小企業，大企業，上場，資金繰り，融資，倒産，清算，提携，合併，買収，M&A

　この章では，企業が設立されてから成長し，時には消え去ってゆくプロセスを追うことで，企業が規模を拡大していくためにとられる手法や，その際の課題，そして経営が危機に陥った場合の対処などについて知ることにしましょう。

Topics　ある開拓者の一生

　ダイエーという企業を知っていますか。プロ野球チームの福岡ソフトバンクホークスが，かつてはダイエーホークスだったことを覚えている人がいるかもしれません。しかし，今ではイトーヨーカドーやイオンの陰になり，単なる一つの GMS (⇨第9章) チェーンとして存在しているダイエーが，日本の小売業全体を大きく変革していた時代があることを知る人はあまりいないでしょう。ダイエーの栄枯盛衰を振り返ることで，会社の一生をたどってみましょう*。

　*　以下の記述は株式会社ダイエー公式サイト内「ダイエーの歩み」ページ (http://www.daiei.co.jp/corporate/company/step/1960.html) および佐野眞一『カリスマ』(新潮文庫，2001年) などに基づく。

第Ⅰ部　企業とは何か

1　高度成長の波に乗って

　大阪出身の中内㓛氏が，弟の経営する会社から独立し，資本金400万円で新しい会社を起こしたのは1957年。第二次世界大戦の終結から12年が過ぎ，日本が高度経済成長（⇨第11章）の時期に入ったころでした。人口の大都市への集中が進み，日本における郊外型大規模住宅団地の先駆けといえる大阪府の香里団地への入居が始まったのが1958年でした。そうした団地住民に代表される新しい郊外型の都市住民の多くは，新しいライフスタイルへの関心も強く，その消費のあり方も，従来のものにこだわらない柔軟性をもっていました。その香里団地と同じ京阪電鉄沿線・千林駅前に中内氏は，1957年の9月に「主婦の店ダイエー薬局」を開業します（図3-1）。千林駅周辺自体は第二次世界大戦以前から都市化が進んだ地域でしたが，大都市の郊外化と，それに伴うライフスタイルや消費動向の変化をつかんで成長していったダイエーと，団地の先駆けである香里団地が，同じ沿線にほぼ同時期に誕生していることは，単なる偶然とはいえません。新しい変化の兆しを彼はつかんでいたのです。

　中内氏は，1958年には神戸に「主婦の店ダイエー」三宮店を開業し，チェーン展開をはじめます。小売業で複数の店舗を経営するチェーンストアという考え方自体は戦前から知られていましたが，わずかな資本金で始めたスーパーで早くも翌年には支店を開業するというスピードの速さも，やはり彼の先見性と，起業家に求められる大胆なチャレンジ精神が示されているといえます。このころ「よい品をどんどん安く」で知られる創業の理念が制定されます。1959年には社名も「主婦の店」に変更し，生鮮食品の取り扱いも拡大して，現在の「スーパー」の形をとるようになっていきます。そして，1961年には「ダイエーインスタントコーヒー」を発売しています。スーパーなどの小売業の企業が，自社のブランド名をつけたプライベート・ブランド商品（PB⇨第9章）を販売することは，今ではめずらしくありませんが，当時，商品はメーカーの名前で売るのが普通で，小売店の名前で商品を企画・販売するのは画期的なこと

図3-1 主婦の店ダイエー 1号店
(出所) 株式会社ダイエー提供。

でした。当時は大手メーカーに価格の主導権があり,しかもメーカーの商品は卸売業者などを介して小売業者に届くため,小売業者が価格をコントロールすることは非常に難しかったのですが,小売業者であるダイエー自身が商品を企画し,大手以外のメーカーに生産させることで低価格を実現しようとしたものです。「価格破壊」を柱とする変革者としてのダイエーの姿は,創業数年のうちにすでに現れています。

② 「価格破壊」の旗手

1964年,俗にいう「ダイエー・松下戦争」が勃発します。松下電器(現在のパナソニック)が設定した価格を無視して家電製品の値引き販売を強行したダイエーに対し,松下は商品の供給を止めるという制裁を加えました。そこでダイエーは,当時画期的であった販売価格5万円台というテレビを,中小メーカーに製造を委託して独自に発売するといった対抗策をとります。高度経済成長が引き起こしたインフレによって,大手メーカーが製品の値上げを続けてい

たことに反発していた消費者からもダイエーは支持され，ダイエーの「価格破壊」は一躍脚光を浴びるようになりました。1972年には「物価値上がり阻止運動」を宣言，一小売企業の動きが社会全体に影響するまでになりました。

　こうした「価格破壊」を推し進める一方でダイエーは1963年ごろから，スーパーと専門店を組み合わせたショッピングセンターという新しい形態の導入を始め，1968年には日本初の郊外型ショッピングセンターとして枚方市に香里店を開業します。これは，規模の大きさに加えて，低価格でありながら品ぞろえの幅広さでは百貨店と遜色がないことから，従来スーパーに対してあった「安かろう悪かろう」という偏見を払しょくするものでした。1969年には商号も「ダイエー」と変更し，「主婦の店」という言葉のもつイメージからの脱却も図りました。こうして，1970年には売上高年1000億円を達成，さらに1972年には当時百貨店最大手であった三越の売上を超え，日本最大の小売企業となったのです。

3　破竹の勢いで拡大

　ダイエーの進撃はとまりません。第一に，地域的な拡大が進みます。近畿以外では1963年の九州進出を皮切りに，1972年に戸塚ショッピングセンターを東日本初の大型ショッピングセンターとして開業するなど，全国に展開していきます。第二に他業種への進出が進みます。当初はダイエーの店内で展開する飲食店や専門店，自社事業に関わる製造や流通事業が主でしたが，1970年に日本初のハンバーガーショップである「ドムドム」や，「ステーキハウス・フォルクス」を設立し，1975年にはコンビニエンスストアの「ローソン」を創業します。これは，イトーヨーカドーが「セブン‐イレブン」を開業した翌年でした。さらには百貨店への進出にも意欲をみせ，1981年に「プランタン神戸」を開業します。第三に，こうした地域拡大や他業種進出のために，企業の買収や提携が進みます。1970年に神奈川県のスーパーチェーンであったサンコーと業務提携し，また高知スーパーマーケットとフランチャイズ契約を結んでいますが，

1980年代に入ると，九州中心の中堅スーパーチェーンだったユニードとの合併なども行い，さらに拡大を進めていきます。こうした中で，1980年には売上高が年1兆円を超えます。

4 カリスマの終焉

　1980年代から90年代にかけては，引き続く店舗の拡大や他の小売業者の買収だけでなく，ミシンメーカーのリッカーへの再建協力，リクルートやプロ野球チーム南海ホークスの買収など事業の幅が広がっていきます。また，中内氏が設立した流通科学大学も，ダイエーと深い関係をもっていました。

　しかし，1990年代初めにいわゆるバブル経済の崩壊（⇨第11章）が起こり，土地資産の値下がりや消費の低迷が起こることによって，ダイエーの経営は大きな打撃を受けます。また，何事も創業者である中内氏の意向が強く働くことが，かえって経営の硬直化を招き，従業員の離反を招いたとも指摘されています。消費者も多様化し，価格以外の多様な要素が消費者を左右するようになる中で，ダイエーは自らの方向性を見失っていったようにみえます。かつてのように「価格破壊」という一点突破型の発想ではもはや需要の動向をつかめなくなっていました。こうして，ダイエーの経営状態は悪化していきました。1998年には経常収支が赤字となり，2001年には中内氏がダイエーグループのすべての役職を辞任します。このころには，大量の希望退職募集などの経費削減だけではすまず，「ローソン」をはじめとする有力なグループ企業を売却し，その売却益で収支を改善しなければならないところにまで追い込まれました。

　そして，2002年から2004年にかけて公的支援を受け，政府や金融機関が必死で支えて辛うじて倒産を防ぎました。その後は大幅に規模を縮小して「グルメシティ」を看板とした食品スーパーに純化することで生き残りを図っていくことになりました。そして2007年には総合商社の丸紅に加えてかつてのライバルであったイオンからも資本・業務提携を受けるようになり，今ではかつてPBの旗手であったダイエーが，イオンのPBである「トップバリュ」の商品を供

給されています。創業者であり，流通業界から初めて経団連の副会長となった中内氏は，2004年に，社葬すら行われないまま世を去っています。中内氏は，自らが起こした企業の成長とともに偉大なカリスマとなり，企業の衰退とともに自らも世を去っていったのです。

解説　企業の一生

ダイエーの例からもわかるように，名前をよく知られている会社であっても，最初から今のような規模や内容であったわけではありません。企業の中には，年々発展して大きくなっていくものもあれば，何かのきっかけでつぶれてしまうようなものもあります。企業は一度起こせば必ず永続するようなものではないですし，必ず大きくなるものでもありません。それでは，企業の成長がどのようなプロセスをたどるのか，また衰退・滅亡するということはどういうことかについてみていきましょう。

1　企業の誕生

企業の誕生のパターンはさまざまです。基本的なパターンは，ダイエーのように一人または複数の個人が集まって事業を起こすケースです。最も簡単な企業の誕生の事例は，例えばコンピューターメーカーのデルのようなものです。デルは，創業者のマイケル・デル氏が，大学で同級生に自作のパソコンを市販のものより安く売っていたのが始まりです。コンピューター用品店で部品を購入し，自分の下宿で作っていたわけですから資金も場所も当初はほとんど必要ではなかったのです。それでも，これで年5万ドル売り上げたこともあったといいますから驚きです。それから25年ほど経った現在はそれが数百億ドルの規模になっています。

事業を起こすのに資金が必要な場合，貯金などがなければ誰かに頼んで資金を出してもらうか，借金をすることになります。いずれの場合でも，事業が成

功する見通しがないと,なかなか資金を出したり,貸したりしてもらえないのは当然です。ダイエーの中内氏の場合は,最初のうちは店舗の準備や企業を運営するための人件費など資金が必要となり,資本金の400万円をどこからか調達してきたのです。

　中内氏やデル氏のように自分で事業を起こそうとして挑戦する人々を**起業家**,彼らが設立した企業を**ベンチャー企業**ということがあります。起業家やベンチャー企業という言葉に厳密な定義はありませんが,最もよく使われる意味合いとしては,単に事業を起こそうとするだけでなく,世の中に今までなかったような新しい事業を行い,それで社会に変革を起こそうとする意識のある企業だといえるでしょう。新しい技術を使って新しい製品やサービスをつくりだそうとするだけではなく,既存の技術や経営手法などを新しい発想で結合させることでもこうした新しい挑戦が可能になります。中内氏やデル氏は,特別な新発明や新しいアイデアを実現したわけではありませんから,後者にあたるといえるでしょう。中内氏が最初から「価格破壊」という方向性を考えていたかどうかは定かではありませんが,少なくとも,新しい時代に対応した新しい小売業が必要だという認識はあったとみてよいでしょう。その意味では彼もまた起業家であり,主婦の店ダイエーはベンチャー企業だったのです。

　なお,企業の誕生としてもう一つよくあるものは,すでに存在する企業やその他の組織が必要に応じて別な企業を設立するケースです。これは,例えば自動車メーカーが販売会社を設立するようなもので,企業内に新しい部門をつくることと本質的にはあまり変わりません。こうした企業はもとになった企業(「**親会社**」)がすべてまたは大半の株式を保有するなどして,その意思決定を支配している場合が多く,その場合「**子会社**」と呼ばれます。また,複数の企業が共同して企業を設立する場合もあり,**合弁会社**（合弁企業）と呼ばれます。例えば,企業が海外に進出して事業を起こす場合,現地にもとからある企業と出資し合って企業を設立することで,現地の事情に的確に適応させようとする場合などがこれにあたります。

2 企業の規模

　小規模な事業から起業していった場合，当初の段階はデルのように非常に個人的なところから始まることが少なくありません。他でも，例えばソニーは，1947年に東京品川の御殿山工場で創業しましたが，今では都市化している品川も第二次世界大戦後間もないころは町はずれのさびしいところで，工場はボロボロであり，屋根も傾いたような所でした。創業期には電気座布団がよく売れたのですが，製造を家族も総出で行うような小さな規模でした。このような場合，最初は少人数で小さな規模から始めて，売上が伸び，利益が得られるようになるにしたがって，工場や店舗を拡大していきます。そして，企業が小さいころには，安定した売上が上げられず，環境や競合の状況によって売上額が大きく上下していたものが，企業規模が大きくなるにしたがって，売上が安定するようになり，拡大がさらに一層進むようになります。また，創業から規模を大きくしていく中で，1人で仕事をしていたことを，チームで行うようになり，そのチームが拡大し，組織として仕事を行っていくようになっていきます。

　こうして規模が大きくなるにつれて，**小企業**，**中小企業**，**大企業**と呼ばれるようになっていきます。日常的にも使う言葉ですが，法律での定義は**表3-1**，**表3-2**にあるとおりです。この法律は中小企業基本法といい，中小企業の育成と保護を目的としたもので，その法律の対象が，さまざまな施策の対象となっています。小規模企業は個人経営に近い形態になりますが，中小企業といわれる範囲には，成長発展途上の企業や，対象としている市場規模が大きくないために経営規模が大きくない企業などが入ってきます。そして大企業とは，

表3-1　小規模企業の法律上の定義

業種（標準産業分類による）	定　義
製造業その他	従業員20人以下
商業・サービス業	従業員5人以下

表3-2 中小企業の法律上の定義

業種（標準産業分類による）	定　義
製造業その他	資本の額又は出資の総額が3億円以下の会社並びに常時使用する従業員の数が300人以下の会社及び個人
卸売業	資本の額又は出資の総額が1億円以下の会社並びに常時使用する従業員の数が100人以下の会社及び個人
小売業	資本の額又は出資の総額が5000万円以下の会社並びに常時使用する従業員の数が50人以下の会社及び個人
サービス業	資本の額又は出資の総額が5000万円以下の会社並びに常時使用する従業員の数が100人以下の会社及び個人

この中小企業の定義を越えるものすべてが入ってきます。法律上で企業の規模を決めるのは，その仕事の内容でもなく，成長の可能性でもなく，ただ資本や出資がどれぐらいあるか，そして従業員が何人いるか，といった点です。みなさんは，「中小企業」という言葉にどんなイメージをもっていたでしょうか？

③ 成長と消滅の分岐点

　中小企業から大企業に成長するまでには，いろいろな困難が待ち受けています。成功すれば，株式市場（⇨第2章）へ株式を公開して自由な売買の対象とすること（これを上場といいます⇨第2章）によって，巨額の創業者利益を得る場合があります。これは創業者が自ら出資している場合，企業が成長して株式の評価が当初の金額（ダイエーの場合総額400万円）をはるかに超えていれば，その株式を市場で売却することで大きな差額を得ることができるからです。

　一方で，その陰には，多くの倒産した会社や，商売をするのをあきらめて清算手続きを行った企業が存在しています。中小企業から成長していく途上だけでなく，いったんは大企業として法律的にも社会的にも認められていても，失敗すれば短期間に崩壊してしまうこともあります。中内氏は企業を一代で大きくしながら，最後にはダイエーグループの借金を返済するために創業者利益で得た私財のほとんどすべてを出さなければならなくなりました。

中小企業が大きくなるために一番大きな困難は,「信用」だといわれています。特に日本では,信用がないと新たな取引がなかなかできない,ということがよくいわれます。部品メーカーの中には,すばらしい技術開発をしたのだけれど日本国内のメーカーと取引ができず,まずアメリカで製品を売って,その実績を得ることで,日本で取引できるようになった会社があります。

　中小企業にとってその次に大きな困難は,「**資金繰り**」です。資金繰りとは,支払いのためのお金を準備し続けることですが,これがうまくいかなくなる時があります。小売業やサービス業の多くは,収入が毎日現金で入りますし,支払いを1カ月分まとめて払う場合が多いので,まだ資金繰りに余裕はあるのですが,製造業の場合,原材料を買った分の支払いが1カ月先で,製品の販売先からの売上の支払いが3カ月先,という場合もあります。収入がある前に,社員の給料や購入したものの支払いがあるわけですから,この間,どうにかお金を手に入れなければなりません。そのために銀行からお金を借りる（融資を受ける）などする必要があります。しかし,資金繰りがうまくいかず約束した期限までに代金の支払いや借金の返済ができなくなると,「**倒産**」ということになります。

　ややこしいことに,「黒字倒産」ということすらあります。赤字（儲かっていない）であれば,倒産するのはわかると思います。しかし,なぜ黒字（儲かっている）なのに倒産するのでしょうか？

　これは,会計の帳簿と手持ち現金の違いによって起こります。帳簿の上では売上があって利益が出ていたとしても,帳簿上のお金が実際に現金にできなければ支払いができなくなります。このようなときに通常は銀行から日常的な運営に必要な融資（つなぎ融資）を受けてその時々の支払いを行っていくのですが,銀行から必要な額を全額借りることができないと支払いができなくなるので,黒字倒産の危険があります。

　倒産とはいっても,実際に会社がすぐになくなるわけではありません。その状況によっては,立ち直る可能性がある場合もあります。ダイエーは,借金が多く支払いができなくなる恐れがあるため,実際に支払いができなくなる前に,

政府の支援と金融機関の協力によって倒産より前に借金を減らしてもらって，再建を目指しました。また，ダイエーのライバルの一つで2001年に経営破たんしたマイカルは，借金が返せなくなる可能性があるため，倒産（会社更生手続き）という形をとって，再建を目指しました。資金面と信用面で丸紅とともにイオンがスポンサーとなり，2004年度には借金をすべて返し終わり，再生を果たしました。再建のための法的な枠組みとしては会社更生，民事再生があります。

他に，再生が不可能である場合や，自ら事業を辞める（廃業）宣言をする場合の，会社の**清算**があります。この場合，債権者や出資者に，倒産もしくは廃業直前の資産を分配し，営業を停止します。なお，日常用語でも使われる「破産」は，清算手続きの一種です。

このあたりの細かな違いは，法律面での違いとなり，図3-2のように分類されます。

```
法的整理 ─┬─ 再建型 ─┬─ 民事再生
         │         ├─ 会社更生
         │         └─ 会社整理
         └─ 清算型 ─┬─ 破産
                   └─ 特別清算
私的整理 ─┬─ 再建型 ─┬─ 私的整理ガイドライン
         │         └─ その他の再建型私的整理
         └─ 清算型 ─── 清算型私的整理
```

図3-2　会社倒産時の手続きの違い

(出所)　東京商工リサーチ「リスクマネジメント用語辞典：倒産」(http://www.tsr-net.co.jp/risk_management/dictionary/kana_ta/1200758_1655.html)，帝国データバンク「倒産の定義」(http://www.tdb.co.jp/tosan/teigi.html) などより作成。

4 提携, 買収, 合併

　企業が大きくなっていく, あるいは事業が成長していく途上では, 自社だけではなく他社とさまざまな関係を結びながら成長していくことがあります。

　良い製品を作ることはできた, アイデアは良かった, 良い販売先と取引ができている……でも運営を続けていくのが困難だ, あるいは企業が成長して自分で運営するのには規模的に限界が来た, ということがあります。こうした時には, 他の企業に助けてもらおうとする, あるいは企業そのものを売却してしまうという形で問題を解決しようとすることがあります。その方法は, 提携や合併・買収といった方法になります。

　提携とは, ある目標を達成するためにお互いに協力し合って活動をしていくことを指します。先に述べた合弁企業もその一つの形態です。**合併**は, 2つ以上の会社が合意をして会社をまとめることによって, 1つの会社として新しく経営していくこととなります。両者の企業の規模が同じようなものである時に, この方法がとられます。例えば, 2006年には, 長らくライバルといわれてきた阪神電鉄と阪急電鉄が合併しました。ただし, この事例のように最近では持株会社というものを別に設立し, そこに両者の株式を集めることで事実上の合併という形にする場合も多くなっています。一方で**買収**は, 株式を得ることでその会社の経営権を手に入れる方法になります。この時には, 合意によって株式を譲渡することもありますし, 敵対的買収といわれるような, 企業間の合意には一切関係なく資金力で企業を買収する方法もあります。日本では, 敵対的買収は少なかったのですが, 近年増える傾向にあります。合併と買収をあわせて**M&A**（mergers and acquisitions, 合併と買収）ということもあります。

　買収をする側にとっては, 何か優れているものをもっている会社を手に入れることによって, 自分たちの会社を強くすることができます。また, 自分たちで事業を大きくするための時間を短縮することもでき, 既存のいろいろな資産を手に入れることができる, などの理由から買収が行われます。さまざまな企

業を買収して大きくなった企業の一つに，ソフトバンクがあります。もともとはパソコンソフトの卸売をしていたのですが，出版からインターネットに関わるものすべて，そして携帯電話や球団経営など，事業の幅を，ヤフージャパンのように自ら育てるだけでなく，買収によっても大きくしていっています。

5 運営を考える

　企業を維持していくのは，非常に大変なことです。みなさんは学園祭などで出店をしますが，利益は出たのでしょうか？　また，人件費はどうだったのでしょうか？　働いていた人の取り分は確保できたのでしょうか？
　起業した最初は，無給で一生懸命働く，といったこともあります。このアイデアは必ず成功するに違いない，と信じて働いていきます。そして人が増えれば，起業した人たちは自分の給料を減らしてでも従業員の給料を出していきます。こうやって大きくなっていった企業も，大きくなったがゆえの問題を抱える場合が多くあります。例えばダイエーの事例でいえば，たとえどんな優れた個人であっても，事業の規模や範囲がある程度を超えていくと，意思決定をひとりに集中させ続けることは難しく，また大きな問題を引き起こすことを示しています。起業家として成功を勝ち取ってきた経営者のうち，少なくない人々がある程度の段階で企業を売却してしまい，また新しい事業の創業に向かうのは，自分が大企業の運営には向いておらず，新事業の立ち上げにこそ手腕を発揮できることを理解しているからです。

　この章までで，企業についての入門編の説明をしてきました。次章以降は，もっと具体的な企業の中身に入っていきます。

論点　成長・拡大し続ける企業と倒産してしまう企業のあいだにはどのような差があるのでしょうか？

▶ヒント！
　経営学の本はもちろん，企業の栄枯盛衰についてのルポルタージュがたくさ

んありますので，そうした本も読んで考えてみましょう。企業や経営者を賛美あるいは中傷するだけの本は避け，できるだけ外部からみたものを読みましょう。もちろん，著者の評価基準がありますから完全に客観的というものは難しいですが，できるだけ多面的に書いてあるものが望ましいです。創業者や経営者が自ら書いているものは，自画自賛や自己弁護があるにしても，それはそれで貴重な検討材料になります。

〈**Topics**〉で紹介したダイエーについては定評のある，佐野眞一『カリスマ——中内㓛とダイエーの「戦後」』（上・下）（新潮文庫，2001年）があります。ダイエーの次に小売業界で旋風を巻き起こしたセブン-イレブンについては学術書で，川辺信雄『セブンイレブンの経営史』（有斐閣，1994年）があります。

また，失敗する企業について学問的に検討しためずらしい本として，外国の事例が大半ですがシドニー・フィンケルシュタイン／橋口寛監訳，酒井泰介訳『名経営者が，なぜ失敗するのか？』（日経BP社，2004年）もユニークです。

第II部

経営とは何か

第4章 会社は誰が動かしているのか
――組織の基本的な仕組み――

Keywords ▶ マネジメント，マネジメントサイクル，取締役会，トップマネジメント（会長・社長・専務・常務・取締役），経営者，ミドルマネジメント（部長・課長），ロアーマネジメント（係長・主任），ライン組織，ライン＆スタッフ組織

Topics テルモの電子体温計研究開発の物語

　1985年，60年以上も続いたテルモの水銀体温計づくりは，突然，終わりを告げました。国内第1位の生産量だったのに，です。その理由は，「水銀」。当時はまだ体温計の無機水銀が原因となった環境汚染や健康被害の報告はみられなかったのですが，やはり公衆衛生上望ましいことではありません。企業も市民としての感覚を大事にすべきだと考え，テルモは，思い切った決断をしたのです。

　水銀体温計の製造打ち切りを決めたテルモは，それに代わる電子体温計の開発に着手しました。まず最初に考えたことは，水銀体温計の良いところと欠点の分析でした。60年を超える歳月によって洗練された水銀体温計は，小型で使いやすく，正確で，消毒できるという，万全ともいえる完成度を誇っていたのです。欠点といえるのは，ガラス製なので落とすと割れてしまうことと，ワキで正しく測ろうと思うと測定に約10分かかってしまうことでしたが，測定時間がかかるのことは仕方がないことだと考えられていました。水銀体温計は，測定部位にはさむだけで測定をしてくれるシンプルな使いやすさがあります。

　しかし，電子体温計は電子機器である以上，どうしても電源を入れる行為が

必要で，今までより操作が増えてしまいます。これを解決したのが，「リードスイッチ」。実は体温計の内部に磁気で ON／OFF するリードスイッチというスイッチが入っています。そして収納ケースの中にも磁石が入っていて，体温計本体が収納ケースに収められると，本体のリードスイッチが収納ケースの磁石が出す磁気の影響を受け，電源が OFF になります。そして，体温計本体を収納ケースから取り出すと，磁気の影響を受けなくなるため，リードスイッチが元に戻り電源が ON になります。このような仕組みで，収納ケースへの出し入れで電源 ON／OFF を可能にし，電源を入れる手間をなくすことに成功したのです。

こうして多くの試行錯誤を重ね，水銀体温計の長所を継承しながら，壊れにくい電子体温計は1983年に完成し発売されました。病院の検温業務を研究しつくした使いやすさで，テルモの電子体温計は，またたく間に全国の医療施設へと普及していったのです*。

＊　テルモホームページ：http://www.terumo-taion.jp/temperature/termo/01.html, 2011年11月14日閲覧。

こうしたテルモの水銀体温計から電子体温計への製品変更・研究開発・普及活動は，電子体温計を開発した研究開発部門のみならず，現場の声を集めるマーケティング部門の活躍，その声を上に上げるミドルマネージャーの活躍，そして，それらの声に応え研究開発を決定したトップマネジメント層の決断，そして，研究開発された新商品の普及のための営業部門の活躍といった，全社一丸となったマネジメント活動があって達成されるものです。

そこで，本章では，マネジメントについて学んだあと，会社の階層組織構造と会社のさまざまな部門について知ることにしましょう。

1　マネジメントの定義とマネジメントサイクル

（1）マネジメントの定義

ドラッカーによれば，マネジメントとは，「共通の目標・価値観をもつ人た

第4章　会社は誰が動かしているのか

ちが，最も適切な組織をつくり，訓練と研鑽によって，共同で成果を上げられるようにすること」です。大切なことは，まず目標・価値観の共有化がしっかりできていることです。目指す目標や，なぜ行動をともにするのかの価値観がバラバラでは，まず組織が成立しません。目標・価値観の共有化の上に，組織づくりを行うことです。目標を達成するために最も適切な組織づくりは，簡単なようで難しいものです。組織化ができれば，その組織を動かして，目標を達成するための訓練を行う必要が生まれます。

マネジメントについての本では，岩崎夏海『もし高校野球の女子マネージャーがドラッカーの「マネジメント」を読んだら』(ダイヤモンド社)が，2009年に話題になりました。この物語では，高校野球の女子マネージャーの「みなみ」が，マネージャーの仕事のために，ドラッカーの『マネジメント』を間違って買ってしまい，はじめは難しくて後悔するのですが，しだいにこの本を読んでゆくうちに，野球部のマネジメントにも活かせることに気づき，野球部がドラッカーのマネジメントの理論をもとに強くなってゆく物語です。マネジメントに本当に興味をもった人は，本物のP・F・ドラッカー／上田惇生訳『マネジメント［エッセンシャル版］——基本と原則』(ダイヤモンド社，2001年)を読まれることをお薦めします。

（2）マネジメントサイクルとは

マネジメントで大切なことは，マネジメントサイクルを完成させることです。**マネジメントサイクル**とは，効果的な管理を行うためのサイクルです。マネジメントサイクルは，企画立案（Plan）→実施（Do）→評価（See）→改善（Act）にあります。

- 企画立案（Plan）……①目標を立てる。
  　　　　　　　　　　②目標達成に必要な組織・計画を立案する。
- 実施（Do）…………③組織・計画したとおりに行動する。
- 評価（See）…………④目標が達成できたか，組織・計画したとおり行動できたか，チェックする。

- 改善（Act）……………⑤目標が達成できなかったり，組織・計画したとおりに行動できていなかったりしたら，その問題点を解明し，組織・計画を修正する。

　　　　　　　　　　　⑥修正措置が適正であるかチェックし「企画立案（Plan）」を再び立てる。

次に，このマネジメントサイクルを会社のトップから動かしているトップマネジメントについて学ぶことにしましょう。

② 会社の組織構造

（1）トップマネジメントの組織と構造

株式会社の最高意思決定機関とトップマネジメントの組織は，①株主総会，②取締役会からなっています。

①株主総会は，会社の実質的所有者たる株主が集まる会社の「最高意思決定機関」です。株主総会において，会社のトップマネジメントが選ばれます。

②**取締役会**は，株主総会で選任された取締役で構成され，株主総会の方針に従って，株主などの利害関係者のために，会社財産を効率的に運営するための基本方針を決定します。社長や会長は，取締役会において代表取締役として選定され，株主総会において承認された基本方針にそって業務執行を公正かつ効率的に行っているかを監督・執行する役目があります。代表取締役は，（アメリカでは「CEO：最高経営責任者」といいます），取締役会で選定された代表取締役社長，代表取締役専務は，一般的に，経営の全般的な管理・運営を行います。

日本では，新会社法の公開会社（定款において株式譲渡制限をしていない株式会社と一部制限している株式会社）では，取締役全員で構成する取締役会の設置が義務づけられました。この場合，3人以上の取締役が必要です。反対に，公開会社でない会社（定款においてすべての株式譲渡制限のある株式会社）では，取締役の数は，

第4章　会社は誰が動かしているのか

```
          ┌─────────────────────┐
          │     株主総会          │
          │ 株主総会において取締役と │
          │ 監査役を選任する。      │
          └─────────────────────┘
              ↙             ↘
┌─────────────────────┐    ┌─────────────────────┐
│     取締役           │ ← 監査 │    監査役           │
│ 取締役は取締役会を形成し,│    │ 監査役は監査役会を形成し,│
│ 代表取締役を選任する。  │    │ 取締役を監査・監督する。│
└─────────────────────┘    └─────────────────────┘
```

〔図4-1　従来の監査役設置制度〕

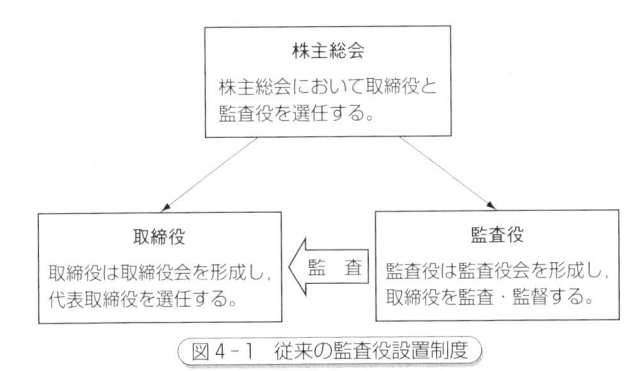

最低1人以上必要なだけで，取締役会や監査役の設置も任意設置となりました。

そして，株式会社の公開会社（定款において株式譲渡制限のない株式会社）では，従来型の監査役設置会社に加えて，2002年・2005年（2006年5月施行）の商法改正によって，委員会設置会社を選択することができるようになりました。

これまでの日本企業の監査役設置会社では，株主総会において，取締役と同様に，監査役が選任されます。そして，監査役は，会社の会計に関する監査と取締役が行う業務の執行の監査を行います（図4-1）。しかし，監査役が，取締役が行う業務の執行の監査や会計の監査を十分に行えなかったのが日本企業の大きな問題と指摘されてきました。それは，実質的な任免権が，取締役の代表である社長にあるため，監査すべき取締役に選任された監査役は，それまでの人間関係や保身から監査役としての機能が果たせなかったのです。また，日本の取締役会には，会長，社長，副社長，専務，常務，取締役といった階層制があります（図4-2）。しかも，階層の高い取締役が執行役会のメンバーであるとともに，ふつう社長は取締役会の議長も兼務しています。また，日本企業では，社内昇進による内部昇進取締役（社内重役）が一般的で，社外取締役が少なくなっています。そのため，階層の低い者が高い者をチェックするのは難しく，社長の専断や独裁が生じやすくなっています。そのため，先述の2002年・2005年（2006年5月施行）の商法改正で，従来の監査役設置会社に加えて，「委員会設置会社」を選択することができるようにもなったのです（図4-3）。

63

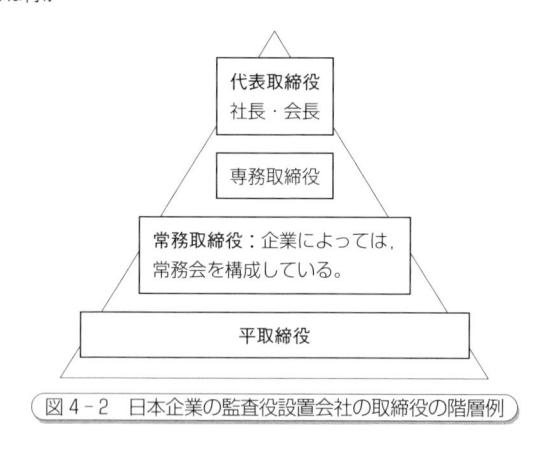

第Ⅱ部　経営とは何か

```
            代表取締役
            社長・会長

            専務取締役

      常務取締役：企業によっては，
      常務会を構成している。

            平取締役
```

図4-2　日本企業の監査役設置会社の取締役の階層例

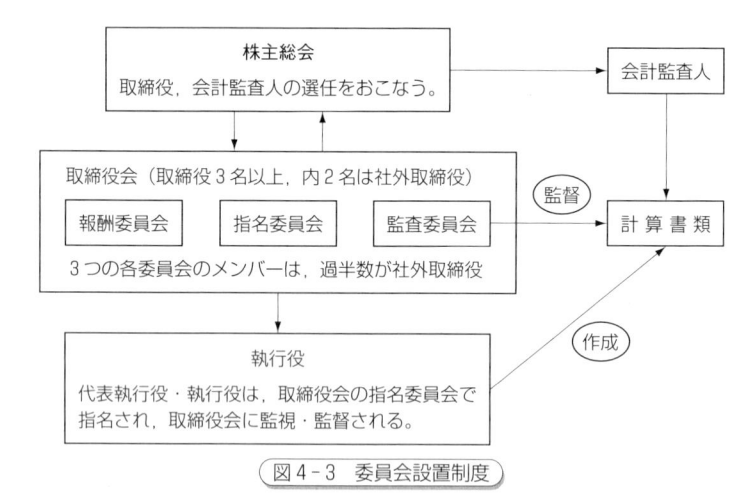

```
        株主総会                     →  会計監査人
   取締役，会計監査人の選任をおこなう。
            ↓                              ↓
  取締役会（取締役3名以上，内2名は社外取締役）  （監督）
  [報酬委員会] [指名委員会] [監査委員会]   →  計 算 書 類
   3つの各委員会のメンバーは，過半数が社外取締役
            ↓                              ↑
          執行役                          （作成）
   代表執行役・執行役は，取締役会の指名委員会で
   指名され，取締役会に監視・監督される。
```

図4-3　委員会設置制度

　委員会設置会社では，取締役会の中に「指名委員会」，「報酬委員会」，「監査委員会」の三つを設置し，監査役はおきません。「指名委員会」は，取締役候補を決定し，その取締役候補案を，株主総会に提示，株主総会が，取締役を決定します。「報酬委員会」は，取締役と執行役の報酬を決めます。「監査委員会」は，取締役と執行役の監査を行います。各委員会は，3人以上の取締役で構成され，メンバーの過半数は社外取締役となっています。

　そして，取締役会の下に「執行役」を設け，業務執行を行います。執行役は，

第4章　会社は誰が動かしているのか

表4-1　ソニーの役員構成

取締役（Director）15名：業務の監督を行う
執行役（Officer）8名：業務を執行する ・代表執行役　会長 兼 社長 　　CEO（最高経営責任者，Chief Exertive Officer） ・代表執行役　副会長 　　製品安全・品質，環境担当 ・代表執行役　副社長 　　CFO（最高財務責任者，Chief Financial Officer） ・執行役　副社長 　　生産，物流，調達，CS（顧客満足，Customer Satisfaction）プラットフォーム担当 ・執行役　副社長 　　コンスーマープロダクツ＆デバイスグループ（CPDG）担当 ・執行役　EVP（上級副社長，Executive Vice Presiden） 　　知的財産，情報システム，B2Bソリューション事業ディスク製造事業担当 ・執行役　EVP（上級副社長，Executive Vice Presiden） 　　ジェネラル・カウンセル ・執行役　EVP（上級副社長，Executive Vice Presiden） 　　ネットワークプロダクツ＆サービスグループ（NPSG）担当

（出所）　ソニーのホームページ（http://www.sony.co.jp/SonyInfo/CorporateInfo/Data/officer.html）より。

執行役会を形成し，執行役代表を決めます。取締役と執行役は，兼任することが可能（ただし，取締役の監査委員と執行役の兼任は禁止）になっていますので，通常，この代表執行役は，代表取締役が兼任するケースが多いようです。この「委員会設置会社」は，アメリカ企業をモデルとしたもので，業務執行と監査機能を分ける制度です。

　ソニー株式会社は，2002年の商法改正前の1997（平成9）年6月に，先駆けて，執行役員というそれまで日本ではあまり聞きなれない制度を導入しました。そのため，1997年より，ソニーの役員表は取締役と執行役の2つに分かれているのです。ソニーがこのような執行役員制度を導入したのには，「取締役会の改革を行う中で，業務執行については，取締役会の全般的意向に従う形で執行役員に担当させ，それを取締役会が執行役員を監督するという仕組みにすることにより，意思決定・監督の機能と業務執行の機能をはっきり分離する」とこ

ろに狙いがあります*。ソニーが参考にしたアメリカでは，それまでも，業務執行はオフィサー（執行役）が行い，取締役会の役割の重点は経営の監視・監督に移行していますので，上場会社では相当数の社外取締役を選任しています。経営陣と組織の上下関係に属さない社外取締役を含むことによって，決算の扮飾などの法令違反が行われないように，取締役会の経営監督機能を高めているのです。

> * ソニーのコーポレート・ガバナンス体制の強化について，ソニーは，自社のホームページ（http://www.sony.co.jp/SonyInfo/IR/governance.html）の中で，経営の最重要課題として位置づけ，健全かつ透明性のあるガバナンス体制を目指していることを発表しています。

このように商法の改正によって，「委員会設置会社」が認められましたが，日本の大企業で，「委員会設置会社」制度をとる企業はわずかで，大半の日本の大企業は，従来型の監査役設置制度をとっています。

論点 日本の従来からの監査役設置会社とアメリカをモデルとした委員会設置会社のコーポレート・ガバナンス（企業統治）の構造を比較し，その長所・短所について論じなさい。

▶ヒント！
> 日本の従来からの監査役設置会社とアメリカをモデルとした委員会設置会社組織の構造を図に書いてみて，考えてみよう。より詳しく知りたい人は，海道ノブチカ・風間信隆編著『現代社会を読む経営学⑤ コーポレート・ガバナンスと経営学――グローバリゼーション下の変化と多様性』（ミネルヴァ書房，2009年）がお薦めです。

（2） トップマネジメントの役割と経営職能の分化

トップマネジメントを担う**経営者**は，企業の最高意思決定を担い，企業の指揮・管理にあたる人を指し，その役割は次の三つがあります。

①経営の全体的責任を受託されている「経営受託機能」
②会社全般にわたる「全般的管理機能」
③担当する部門の「部門管理機能」

トップマネジメントを担う経営者の具体的な役割は，経営方針，経営計画*

などの経営ビジョンの策定，営業・生産・経理などの組織の分業によって発生した機能別の部門の統制および部門間の調整にあります。

* 需要構造の変化や技術革新などの外部環境の変化に適応するために，経営政策に従って，企業の将来のあるべき姿を形成するための意思決定が経営計画です。経営計画は，具体的には経営目標の設定，長期経営計画，個別計画，予算方針，業務手続の策定などがあります。

トップマネジメントのあり方は，前述した従来型の監査役設置会社と委員会設置会社では，そのあり方が異なりますが，従来型の監査役設置株式会社では，トップマネジメントを構成する取締役会では，会長・社長，専務取締役，常務取締役，取締役といった序列があります。経営権限のほとんどは，通常，代表取締役である社長に集中し，会長は，社長を退任した人が就くケースが多くなっています。専務，常務という職位は，法律上のものではなく，日本の大企業の慣例的な職位です。

特に，企業は，大規模化に伴って，調達，生産，購買，販売，人事，経理などといった多数の仕事とそれを専門に行う部門に分化していきます。このような分化のことを，「経営職能の分化」といいます。次に，このような「経営職能の分化」について企業の組織図からみると同時に，それぞれの部門の役割についてみてみましょう。

（3）ミドルマネジメント・ロアーマネジメントの職制と組織

企業組織には階層制*があり，組織の各レベルごとに，それぞれの役割が振り分けられています。企業には，トップマネジメントを担う社長や取締役，ミドルマネジメントを担う部長や課長，そして，ロアーマネジメントを担う係長，主任などの階層が存在します。トップマネジメントを担う社長や取締役は，企業の戦略的意思決定を担います。また，ミドルマネジメントを担う部長や課長は，各部門の管理的意思決定を担い，部長は各部門を掌握して，その管理運営を担い，課長は部長の下で，各課を掌握して，その管理運営を行います**。そして，ロアーマネジメントを担う係長，主任などは，課長などのミドルマネ

ジャーの命令の下で，個々の業務的意思決定を担うことになっています。

　　＊　組織には，階層化の原則があります。階層化の原則は，組織を垂直的に，業務の執行レベルと管理レベルに分化し，さらに管理レベルを必要に応じていくつかに分化することです。
　　＊＊　福山穣『図解　ミドルマネジメントの仕事100——現状を打破し，新たな価値を創出する「活創型ミドル」への新・行動原則』東洋経済新報社，2006年。

（4）ライン＆スタッフとは

　組織の形態はおおむね，①ライン組織，②ライン＆スタッフ組織，③ファンクショナル組織に分類され，このうち，ライン組織，ライン＆スタッフ組織が基本的な形態といえます。

　①ライン組織

　ライン組織とは，トップから下位への指揮命令系統の一貫性を重視し，組織の秩序を最重要にした組織形態です。命令統一性の原則が徹底されており，権限責任関係が非常に明確であり，「軍隊組織」ともいわれます。一つの目標に向かって組織全体の力を集結する状況には適合しますが，規模がある程度大きくなると上位者に権限が集中して負担が大きくなるなどして，組織の硬直化を招く状況に陥りやすいという欠点もあり，統制の範囲の原則・階層短縮化の原則を満たさなくなります。

　　例）　取締役会→本部長→部長→課長→係長→主任→一般社員

　②ライン＆スタッフ組織

　ライン＆スタッフ組織とは，トップから最下層まで1本の指揮命令系統で結ばれているライン組織を軸に，ここにさまざまな情報や専門知識を提供して職務の遂行を助けるスタッフ部門を加えた組織のことです。事業規模が拡大したり内部業務が複雑化すると，各専門部署間の調整が困難になり，結局はトップの負担が過重になります。

　　例）　具体的には，人事，経理，企画，調査，技術，資材などの部門が該当。

③ファンクショナル組織

製造，営業，経理などの職能別に，上位層が下位層に指示・命令しながら職務を遂行する組織。下位層は，複数の上位層から指示・命令されます。1人の部下と複数の上司で構成され，職能別組織ともいいます。

3 企業組織の部門管理：専門化

企業組織の部門管理について，具体的に，実際の企業での各部の役割についてみることにしましょう。

①総務・経理・財務・人事・法務部門の役割とは？——企業を支える縁の下の力持ちの役割を果たす部門

○総務部……『社員が働きやすい仕事環境を整備する部門』です。

社内の各部門の業務がスムーズに運ぶようサポートするとともに企業の対外的な窓口として機能するのが総務部の役割です。OA機器，備品，文房具やコピー用紙などの消耗品の調達・管理をはじめ，入社式・社員総会・社内旅行・株主総会といった社内の各種行事の企画・実施，工事の管理などを行います。

○経理・財務部……『会社のお金の動きを管理し，経営戦略に活かす部門』です。

経理・会計は，日々の入出金チェックや管理のほか，予算編成，決算書や税務申告書類の作成を行います。社内の各部署とは日常的に伝票のやりとりをし，決算時には顧問の会計士や税理士と連携して仕事を進めます。財務は，金融機関や証券会社との交渉窓口となり，資金計画に基づいた借り入れや株式増資，社債発行の手配などの業務も担います。

○人事部……ヒトの採用・配置・昇進昇格・賃金査定など『ヒトに関わる事務・管理を担う部門』です。

○法務部……『企業活動に関わる法律関連の事務や管理を担う部門』です。

法務部は，企業活動が法律に違反することがないように，顧問弁護士と連携しながら，契約書などのチェック・管理を行います。企業が独占禁止法やPL

第Ⅱ部　経営とは何か

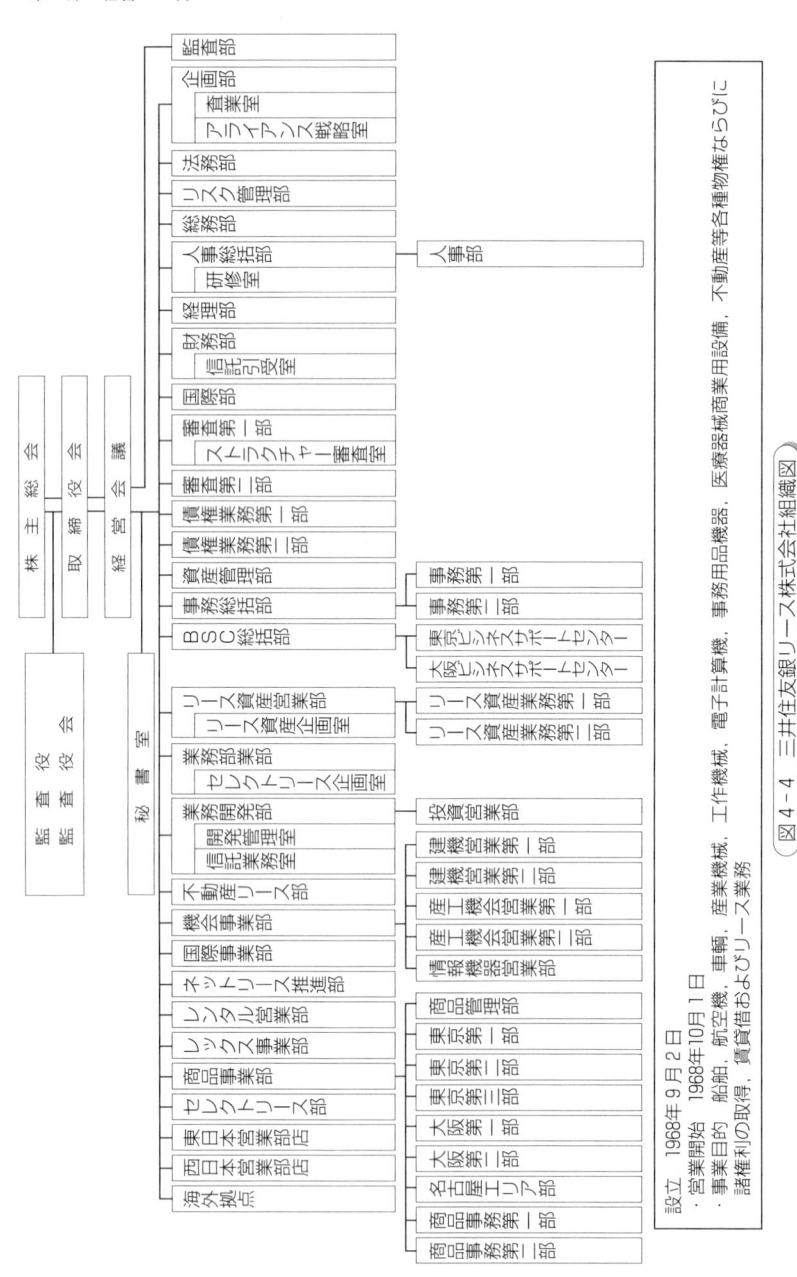

図4-4　三井住友銀リース株式会社組織図

・設立　1968年9月2日
・営業開始　1968年10月1日
・事業目的　船舶、航空機、車輌、産業機械、工作機械、電子計算機、事務用機器、医療機械商業用設備、不動産等各種物権ならびに諸権利の取得、賃貸借およびリース業務

(出所)　http://www.smbcleasing.co.jp/com-info/data.html より作成。

70

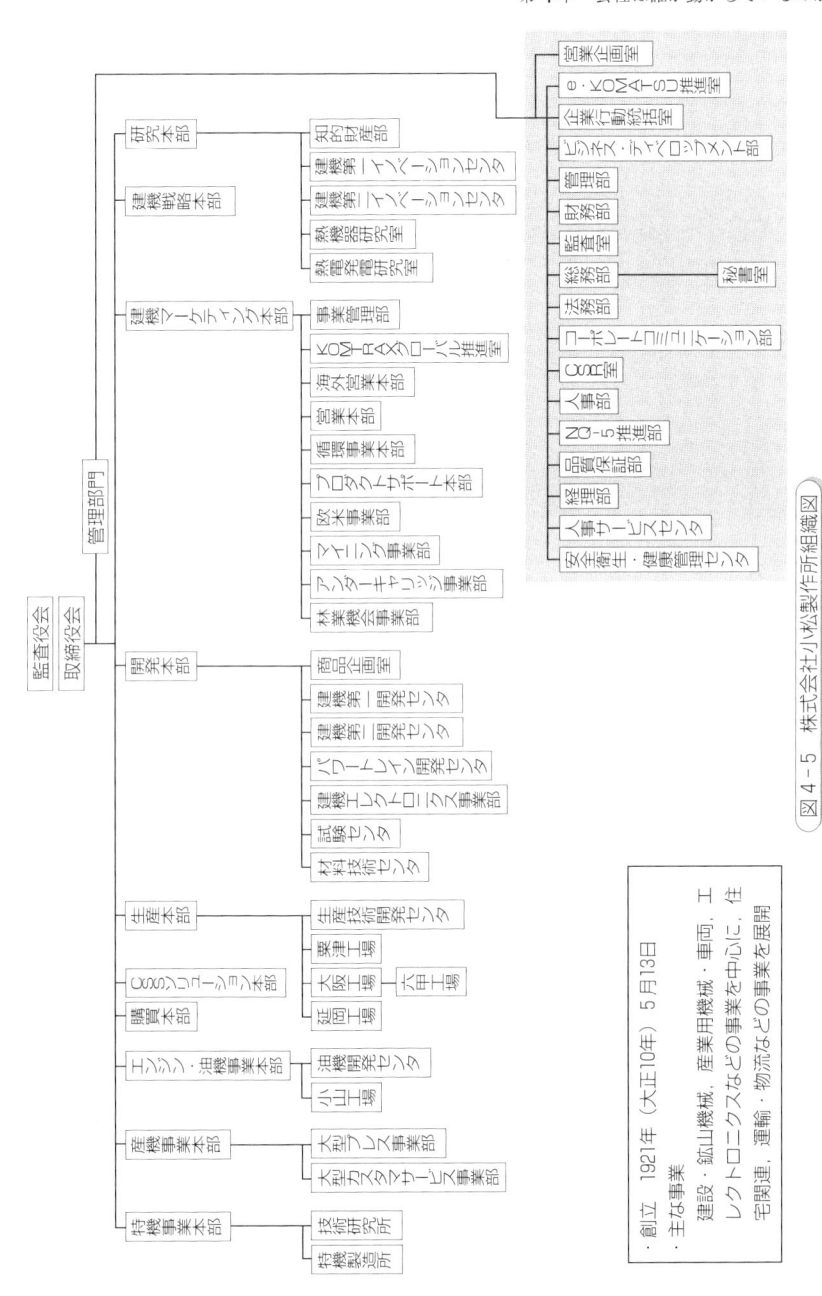

第4章　会社は誰が動かしているのか

図4-5　株式会社小松製作所組織図

- 創立　1921年（大正10年）5月13日
- 主な事業
  建設・鉱山機械、産業用機械・車両、エレクトロニクスなどの事業を中心に、住宅関連、運輸・物流などの事業を展開

（出所）http://www.komatsu.co.jp/CompanyInfo/profile/outline/board.html#c04 2007年4月より作成。

法(製造物責任法)などに触れれば，多額の賠償責任を負わなくてはならないこともあります。特に企業がグローバルに事業を展開するには，法律面でのリスク管理は欠かせません。最近は，セクハラや労働条件など，社員の権利に関わるトラブルも増加しており，訴訟への対応はもちろん，判例をもとに未然に防ぐための対策を行うことも大きな法務部の役割です。

②広報部門の役割とは？——企業活動や製品の情報を社会に発信する部門

広報(プレス)・宣伝部の役割は，自社の情報を社会に向けて送り出すことにあります。その目的は，事業内容や活動についての認知度アップやイメージアップ，決算報告や今後の取り組みの発表，製品・サービスの販売促進など，幅広いものです。活用するメディアも，新聞・雑誌・テレビ・ラジオをはじめ，街頭のポスターや看板・電車の中吊り・折り込みチラシなどさまざま。また企業案内パンフレットや展示会などのイベント企画・運営も，広報の仕事の一部です。

③営業部門の役割とは？——企業の生命線である販売部門

企業とは利益を得る目的で事業を行う存在です。そのためには，よりよい市場価値の高い商品やサービスを生み出さなければなりません。しかし，どんなに優れた商品やサービスを生み出したとしても，それらを市場に認知させ，より多く販売できなければ利益を上げることはできません。営業部門は，この『商品を売る』という行為の専門集団であり，どのような業種であっても，企業である限り営業部門は必要不可欠です。現に，この不況の時代に伸びている企業は例外なく営業力が優れており，まさに営業部門は企業の生命線といえます。

④マーケティング部門の役割とは？——売れる仕組みを分析，カタチにする部門

企画・営業促進部，販売促進部，マーケティング部門の役割を簡単に述べると，「売れるモノ」を作り出し，さらに「売れる環境」を作り出していくことに他なりません。商品が売れるか売れないかの根本的な部分を担う，非常に重要なポジションであるといえます。営業部署や顧客から寄せられた情報(苦情

第 4 章　会社は誰が動かしているのか

から売れ筋が作り出されるケースもある），あるいは独自の市場調査で得た情報をもとに，会社全体での販売戦略計画や販売促進の企画・立案を行う部門です。

> **論点**　成功した新製品の開発・販売と失敗した新製品の開発・販売では，どの段階，どの部門やどの階層で違いがあったのか論じなさい。

▶ヒント！

　さまざまな成功した新製品，失敗した新製品について調べ，どの段階やどの部門，どの階層での意思決定や判断に違いがあったのかについて考えてみよう。参考文献としては，石井淳蔵・清水信年・西川英彦・吉田満梨・水越康介・栗木契『ビジネス三國志——マーケティングに活かす複合競争分析』（プレジデント社，2009年）や DIAMOND ハーバード・ビジネス・レビュー編集部『製品開発力と事業構想力（Harvard Business Review Anthology）』（ダイヤモンド社，2006年）などがお薦めです。

第5章 会社で働くとはどういうことか
―― 労働とマネジメント ――

Keywords ▶ モチベーション，日本的経営，終身雇用，年功序列制度，労働組合，名ばかり店長・名ばかり管理職，非正規雇用労働者，派遣社員，業務請負，成果主義，コンピテンシー

Topics　大阪維新の会の大阪府教育基本条例にみる教員評価の問題点

　2011年11月の大阪府知事選挙，大阪市市長選挙で勝利した大阪維新の会がつくった大阪府教育基本条例・大阪府職員基本条例は，下記のような教員・職員への人事評価が定められています。ここでは，教育基本条例から評価方法についてみることにしましょう。

　　「大阪府教育基本条例では，第2節　人事評価において，下記のような人事評価をおこなうことを明記している。
　　（人事評価）
　第19条　校長は，授業・生活指導・学校運営等への貢献を基準に，教員及び職員の人事評価を行う。人事評価はSを最上位とする5段階評価で行い，概ね次に掲げる分布となるよう評価を行わなければならない。
　　　（1）　S　　5パーセント
　　　（2）　A　　20パーセント
　　　（3）　B　　60パーセント
　　　（4）　C　　10パーセント
　　　（5）　D　　5パーセント
　2　教員の評価に当たっては，学校協議会による教員評価の結果も参照し

なければならない。
3 府教育委員会は，第1項に定める校長による人事評価の結果を尊重しつつ，学校間の格差にも配慮して，教員及び職員の人事評価を行う。人事評価はSを最上位とする5段階評価で行い，概ね第1項に掲げる分布となるよう評価を行わなければならない。
4 府教育委員会は，前項の人事評価の結果を直近の給与及び任免に適切に反映しなければならない。
5 府教育委員会は，第3項の人事評価を教員及び職員の直近の期末手当及び勤勉手当に適切に反映して，明確な差異が生じるように措置を講じなければならない。」

となっており，上記の評価表の『(5) D 5パーセント』については，『人事評価の結果が2回連続してDであった教員等』として，公務員の解雇にあたる分限免職の対象者としている点が大きな問題となっています。

他府県において，教員の人事評価をめぐって，教員の労働組合である教職員組合と県・府の行政側が対立するケースがあります。大阪府教育基本条例は，教育委員会の強い抵抗で頓挫しましたが，大阪府職員条例は大阪府議会で可決しました。教員や公務員の人事評価がどうあるべきかについて，大きな問題を投げかけたのは事実です。

1 組織とは：組織の理論

(1) 組織の要件

前述したように，マネジメントを支えるものが組織です。組織は，複数の人材から構成されていますから，そこには考え方や嗜好が異なったいろいろな人が集まっています。したがって，これらの人材をうまくまとめていくためには，まず，組織が次のような要件を備えなければなりません。
①共通の目的・目標がある。
②仕事が分業化・専門化されており，一人ひとりが役割をもっている。

③メンバーは相互に関連をもち，協力の意思と意欲がある。
④組織に共有のルールがある。
⑤コミュニケーションが円滑に行われる。

　人は何かを行うとき，共同してその仕事に立ち向かい，乗り越えていきます。1人で重いものを運べない時には，2人，3人と集まって物を運ぼうとします。1人では簡単には目的が達成できなくても，複数の人が共同で行えば目的が達成される可能性は高くなるものです。

　この組織の理論を考えたのは，バーナード*です。バーナードは，人間は自分自身だけでは能力に限界があるため，その限界を克服し，目的を達成するために，他の人々と協働（協力して働く＝一緒に働く，行動するということ）するのだと考え，組織を「協働行為の体系」と捉えています。組織論で「組織」と呼ぶものはこの協働体系のことを指し，特に公式組織と呼ばれます。バーナードは，非公式組織と区別するために，公式組織を「2人以上の人々の意識的に調整された活動や諸力の体系」と定義しています。

　＊　C・I・バーナード（Barnard, Chester Irving）：アメリカの実業家であると同時に，近代的組織論の創始者です。マサチューセッツ州に生まれ，AT&Tに入社し，のちにその傘下のニュージャージー・ベル電話会社の社長，ロックフェラー財団理事長となりました。主著は，『経営者の役割』（1938）で，山本安次郎訳で『新訳経営者の役割（経営名著シリーズ2）』（ダイヤモンド社，1968年）が出版されています。

(2) モチベーション

　メンバーを組織に統合するのは，「モチベーション」です。

　モチベーション（motivation）とは，意欲の源になる"動機"を意味します。例えば，ある人が「仕事を頑張りたい」という意欲をもっているとすると，その意欲の源になる「お金がもらえるから」などの動機づけこそが，まさにモチベーションということになります。

　組織は，さまざまな誘因となる「お金」「昇進」「賞賛」などを提示して，メンバーのモチベーションを上げることで，メンバーの貢献を引き出すのです。

第5章 会社で働くとはどういうことか

(3) 組織において人が働く欲求とは

　組織において働く欲求には階層があるという説があります。その欲求階層説は，マズロー*が唱えたもので，その内容は，「欲求には段階があり，下層の欲求が満たされないと，上層の欲求は生じてこない」という理論です。下位から「生理的欲求→安全・安定欲求→社会的欲求→自尊欲求→自己実現欲求」という5階層で示しています。下層の生理的欲求は，「お腹が空いたから何か食べたい」などといった生きるために働くといった必要な身体の生理機能に起因する欲求であり，安全・安定欲求は，「身の安全を確保して，安定的な生活がしたい」という欲求から働くといったものです。また，社会的欲求は，「特定の組織の一員になりたい」とか，「人とともに社会的な生活をしたい」といった欲求であり，その上の自尊欲求は，「自分が尊敬されている」とか，「他人から認められている」といった自分の優位性を感じたいために働くという欲求です。この理論の最上位の階層である自己実現欲求は，自分が本当にそれを成し遂げたい気持ちをもち，それを実現するために働くという欲求です。人の働く欲求が，低い次元の欲求から高次の欲求に高まってゆく存在であることを教えてくれます。

　　* A・H・マズロー (Maslow, Abraham H.)：ニューヨークに生まれ，ウィスコンシン大学を卒業し，1934年に同大学より博士号を取得しました。1951年にブランディス大学教授となり，その後，同大学の心理学部長を務め，アメリカ心理学会会長も務めています。マズローの著作としては，A・H・マズロー／小口忠彦訳『改正版 人間性の心理学 モチベーションとパーソナリティ』(産業能率大学出版部，2007年) がお薦めです。

　次に，日本の組織（特に，企業）が，実際，どのようにマネジメントを行ってきたのかについてみることにしましょう。

2 日本のマネジメントとは

(1)「日本的経営」とは

日本企業の組織的特質を示す言葉に「日本的経営」という用語があります。**「日本的経営」**とは……わが国の経営は，欧米の経営と比較して大きく異なり，それが戦後経済成長の原動力の一つとしてはたらいたとの考えが，"日本的経営"という言葉を1950年代に生み出しました。そして，その後,「日本的経営*」という用語は，産業界や学界にも広く流布しました。「日本的経営」が注目されるきっかけの一つになったのが，アメリカの経営学者のアベグレン**による「日本企業における雇用制度・労働組織の研究」があります。その研究の特徴としては，日本の企業による①終身雇用制，②年功賃金制，③企業別労働組合にあるとされ，それらは歴史的な経営家族集団ないし「いえ型組織」に由来すると説明されています。

* 日本的経営に関しては，飯田史彦『日本的経営の論点』PHP新書，1998年，参照。
** J・C・アベグレン (Abegglen, J. C.)：シカゴ大学で博士の学位を取得し，同大学およびマサチューセッツ工科大学で教鞭をとった後，上智大学の教授を務めました。

日本的経営の三つの特徴である①終身雇用制，②年功序列制，③企業別労働組合の内容について次にみてみることにしましょう。

①終身雇用とは

終身雇用とは，学校（中学・高校・大学）を卒業してから一つの企業に就職し，その企業で定年まで雇用され続けるという雇用制度のことです。終身雇用は，戦後，日本の大企業の正社員を中心にみられた一般的な雇用形態です。長期雇用は日本だけの現象ではなく，欧米でも大企業を中心に長期勤続者の比重の高い国や産業もあります。それらの国や産業では「長期勤続を誘導することで，従業員の企業内訓練を高めて熟練技能を形成し，また従業員の企業忠誠心を高

く維持することができる」と考えられています。逆にいえば，「従業員がいつ解雇されるかわからない状況では，一企業のために教育訓練を遂げようという意欲は低下する」と考えられているのです。

今，終身雇用制度も大企業の一部の中核社員にのみ適用されるようになり，大半の社員は中短期雇用となり，後述するように，派遣労働者をはじめとして非正規雇用者が大半となっています。

②日本の年功序列制度とは

年功序列制度とは，日本の企業で年齢や勤続年数，学歴で，給与や昇進昇格を決める制度のことです。年齢や勤続年数は，仕事と関係なく，個々人に帰属する要素ですので，属人制度ともいいます。したがって，年功賃金とは，「年齢や勤続年数の増加とともに増加するような賃金」のことです。しかし，今，日本の賃金は，後述する成果主義賃金制度へと変貌しつつあります。

③企業別労働組合とは

まず，企業別労働組合のお話をする前に，労働組合については，本書の第6章においてくわしく説明がされていますが，企業別労働組合を理解するために簡単に労働組合についてお話します。

労働組合とは，賃金労働者が，みずからの生活条件や社会的地位の維持と向上を目的にして，自発的に団結して組織した団体です。略称，労組（ろうそ，ろうくみ）とも呼ばれます。日本の労働組合法では，その第2条で「……労働者が主体となって自主的に労働条件の維持改善その他経済的地位の向上を図ることを主たる目的として組織する団体又はその連合団体をいう」と定義しています。労働組合は，職業別組合から出発し，一般組合を経て産業別組合へと発展していくのが，多くの工業国でみられる展開過程ですが，日本においては，職業別組合から企業別組合へという過程が特徴的です。

労働組合の主な活動としては，雇用の確保があります。具体的にいうと正当な理由なく賃金を低くしたり，退職させられたりということが決して起こらないように，企業活動に対して透明性や公開性を求めた活動を行います。

また，もう一つの労働組合の主な活動としては，労働条件の維持向上があり

ます。それは，団体交渉を通して，給料（賃金）やボーナス（一時金），退職金などを引き上げたり，働く時間を短くしたり，職場の環境や福利厚生制度の充実・改善に取り組むものです。

そして，労働組合のもう一つの活動としては，職場に根差した活動があります。苦情処理やレクリエーション活動など，組合員の多様な要望への対応を図り，さらに，従業員同士のコミュニケーションを図ります。

企業別労働組合とは，個別企業単位で組織された組合のことです。日本では，民間の労働組合は基本的に企業別労働組合であるため所属する企業が倒産すると労働者も失業してしまいます。そのため，労働運動は戦後の一時期を除いて労使協調的な運動が中心となってきました。

これら終身雇用と企業別労働組合のために，わが国の企業は「共同体的性格*」を帯びるようになったといえます。このことは，労使の協調や企業全体の機動的な運営など多くの長所をもちますが，また，一方で内部で厳しいチェックなどが行われない傾向も強くもっています。これが日本企業の違法行為の温床となってきました。

　＊　日本企業の「共同体的あり方」を家制度から説明した研究書として，三戸公『「家」としての日本社会』（有斐閣，1994年）があります。

次に，日本的経営の特徴である終身雇用制，年功序列制が，今日，どのように変化しているのかについてみることにしましょう。

（2）日本の新人事制度の変化

①多様な人材の活用

1990年代のバブル経済崩壊以降，特に，日本企業においては，国際競争の激化，産業構造の変化，景気変動の振幅の拡大や長期化等を背景として，図5-1にあるように，失業率が増大し，従来からの終身雇用型（長期継続雇用型）以外の中途採用，派遣・契約社員など多様なタイプの人材を活用しようとする動き（人材のポートフォリオ化）や「**名ばかり店長**」「**名ばかり管理職**」が急速に広がりました。また，終身雇用型の企業のコア（中核）となる人材については，

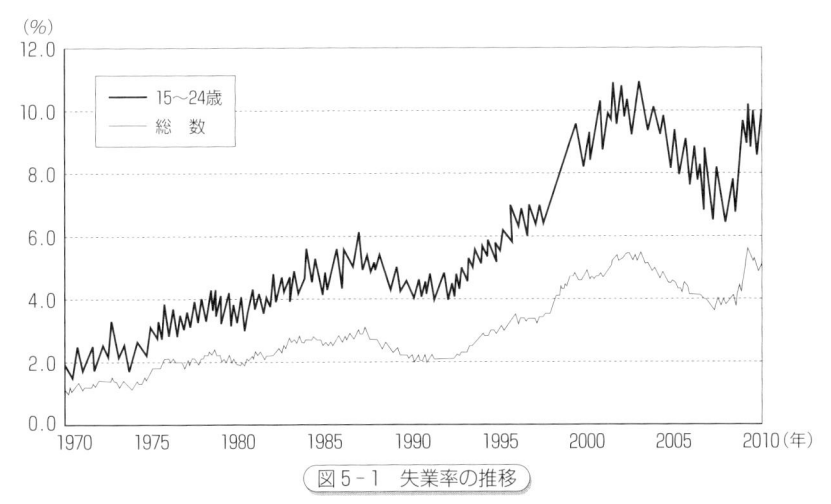

第 5 章　会社で働くとはどういうことか

図 5-1　失業率の推移

(注)　用語の定義
- 完全失業率：「労働力人口」に占める「完全失業者」の割合
- 労働力人口：15歳以上の人口のうち，「就業者」と「完全失業者」を合わせたもの

　就業者：「従業者」と「休業者」を合わせたもの
　従業者：調査週間中に賃金，給料，諸手当，内職収入などの収入を伴う仕事（以下「仕事」という。）を1時間以上した者。なお，家族従業者は，無給であっても仕事をしたとする。
　休業者：仕事を持ちながら，調査週間中に少しも仕事をしなかった者のうち，
　　1. 雇用者で，給料，賃金の支払いを受けている者又は受けることになっている者
　　　なお，職場の就業規則などで定められている育児（介護）休業期間中の者も，職場から給料・賃金をもらうことになっている場合は休業者となる。
　　　（雇用保険法に基づく育児休業基本給付金や介護休業給付金をもらうことになっている場合を含む。）
　　2. 自営業主で，自分の経営する事業を持ったままで，その仕事を休み始めて30日にならない者
　　なお，家族従業者で，調査週間中に少しも仕事をしなかった者は休業者に含めず，完全失業者又は非労働力人口のいずれかとしている。

(出所)　総務省『労働力調査』2011年版。

総人件費の削減の面からも，できる限り少数精鋭化し，正社員のキャリアコースもジェネラリスト型だけでなく，専門能力の育成により重点をおいたスペシャリスト型のコースへの多様化が進んでいます。

　この雇用のポートフォリオ化という考えは，1995（平成7）年に，日経連（現・経団連）が，その報告書『新時代の「日本的経営」』*の中で提唱したものです。「雇用柔軟型グループ」には，さまざまな雇用形態の「働き方」があり，

混乱しやすいので，違いに注意して学ぶ必要があります。この雇用柔軟型の問題については，中野麻美『労働ダンピング——雇用の多様化の果てに』(岩波書店，2006年) が参考になります。

　＊　日本経営者団体連盟『新時代の「日本的経営」』日本経営者団体連盟，1995年。

　そうした厳しい雇用情勢の進展の中，「名ばかり店長」，「名ばかり管理職」の問題もクローズアップされました。「名ばかり店長」，「名ばかり管理職」とは，十分な権限も報酬もなく，事実上は単なる一般従業員なのに管理職扱いされて残業代を支給されない従業員のことです。この背景には，労働基準法第41条第2号において，「事業の種類にかかわらず監督若しくは管理の地位にある者（以下，「管理監督者」という。）または機密の事務を取り扱う者」は，休憩および休日に関する規定の適用除外者とされると定められているからです。しかし，この「監督・管理の地位」を勝手に拡大解釈し，一般の労働者を「管理監督者」と位置づけ，休憩時間の労働や残業，休日出勤を無給で強制することで，人件費のコスト・カットをはかるものです。

　そして，リーマン・ショック直後（2008年9月以降から2010年にかけて）に起こった日本における労働の激変は，ここでいうところの雇用柔軟型グループである**非正規雇用**，とりわけ**派遣・請負労働者**が，大量に解雇（俗にいう「派遣切り」）され，特に2008年12月には，多くの派遣社員が住む住居を失いホームレス化したことが社会問題化しました。特に2008年秋のリーマン・ショック以降，大きな影響を受けたのが，非正規雇用の外国人労働者の人々です。2009年1月16日で，厚生労働省の調べで，国内で働く外国人労働者は，約48万6000人で，そのうち約3割超の16万3000人が派遣・請負であり，景気後退の影響で，多くのそうした非正規雇用の日系人労働者から解雇されることとなりました（「外国人労働者派遣・請負3割」『朝日新聞』2009年1月17日付，参照）。

　リーマン・ショック直後に起きた非正規雇用の大量解雇は，日本の企業で働いてきた多くの非正規雇用の労働者，特に，日系外国人労働者の大量解雇につながり，その多くが住む家を失い，外国人労働者の場合は，帰国を余儀なくされました。まさに，このことは，非正規雇用の労働者，特に派遣労働者の労働

力が，経済循環のバッファ（緩衝材）として利用されてきたことを証明しました。そして，外国人労働者・外国人技能実習生を含む非正規雇用労働者の拡大は，円高などの為替差によるアジアの新興国の労働者の労働賃金圧力や日本の大企業のアジアへの展開などのグローバル化への対応であり，不可避的に，現在も進行しています。そして正規雇用労働者も，成果主義と人員削減（リストラ）によって，労働環境はさらに厳しさを増し，日本の中流階級が金融資産を失い，没落を余儀なくされているのです。これらの点については，水野和夫『人々はなぜグローバル経済の本質を見誤るのか』（日本経済新聞社，2007年），森岡孝二『強欲資本主義の時代とその終焉』（桜井書房，2010年）が参考になります。

　前述の報告書『新時代の「日本的経営」』では，雇用のポートフォリオ化において，従業員を三つのグループに分けています。その三つのグループとは，「長期蓄積能力活用型グループ」，「高度専門能力活用型グループ」，「雇用柔軟型グループ」です。

　「長期蓄積能力活用型グループ」は，従来型の終身雇用を適用される社員ですが，その人数は絞り込まれ，企業の中核を担う人材層（管理職層）といえます。「高度専門能力活用型グループ」は，有期雇用契約で，終身雇用ではありませんが，税理士・弁護士などの行動専門能力をもつスペシャリスト層です。「雇用柔軟型グループ」は，非正規雇用を意味し，中短期契約で，派遣社員*・契約社員，パート，アルバイト，業務請負企業の社員**，独立契約者***などです（図5-2参照）。

　　* 派遣社員は，派遣スタッフ・派遣先（就業先）・派遣会社の三者の関係で成り立っている。派遣スタッフが雇用契約を結ぶのは派遣会社。雇用契約が結ばれると，派遣会社から派遣先企業に派遣されるが，実際の仕事の指示は派遣先企業から受け，給与は雇用契約を結んだ派遣会社から支払われる。派遣社員と正社員やアルバイト等を比較したときに，一番大きく違うのはこの雇用契約である。正社員やアルバイトは就職先企業と雇用契約を結び，仕事の指揮命令・給与の支払いを直接受ける。
　　** 業務請負企業とは注文先企業と業務の請負に関する契約を結び，従業員の労働やサービスを注文先の企業に提供する企業のことをいう。近年，日本において，偽

装請負が問題となっているが，偽装請負とは，契約上は業務請負や個人事業主であっても実態が人材派遣に該当するものをいう。業務請負は，業務を請け負うわけだから，その業務全般について責任を負い，指導・監督責任を業務請負企業が負う。しかし，派遣は，人を提供し，派遣先企業が派遣社員の指導・監督を行う。つまり，請負と派遣との違いは，発注者と受託者の労働者とのあいだに指揮命令関係が生じないということである。したがって，偽装請負や仮装委託となるのは，形式的に請負契約や業務委託契約がなされていても，自ら労働者を指揮監督せずに，発注者や委託先が実質的に受託者の労働者を指揮命令して，業務を遂行しているといった「雇用と使用が実質的に分離」しているケースである。こうした「偽装請負」は違法である。職業安定法，労働基準法，労働者派遣法などに違反している。また，偽装請負では，労働者派遣法等に定められた派遣元（受託者）・派遣先（発注者）のさまざまな責任が曖昧になり，労働者の雇用や安全衛生面など基本的な労働条件が十分に確保されないということが起こる可能性が高まる。

＊＊＊　独立契約者は，①期限を定めて専門性の高い仕事を受託して行い，②企業との間に雇用契約でなく，業務委託契約を結ぶ者を指す。アメリカにおいてこのよう

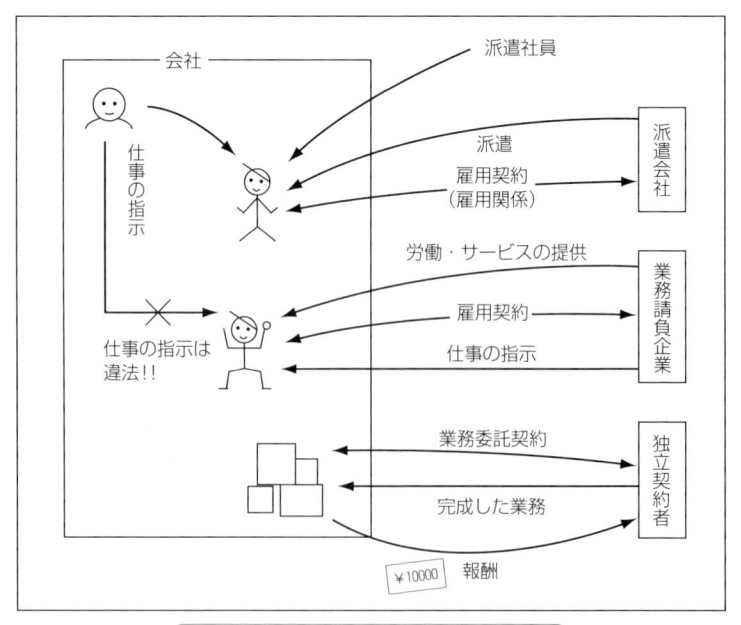

図5-2　雇用柔軟型グループの仕事の整理

第 5 章　会社で働くとはどういうことか

な働き方は，IT業界や金融業界を中心に広まってきたといわれている。このような形態で働く人を，インディペンデント・コントラクター（Independent contractors）と呼ぶ。

②就職率の変化

日本では，バブル経済崩壊以降，図 5-3 のように，就職率が著しく減少し，就職氷河期と呼ばれる時期が，1990年代から21世紀初頭まで続きました。そのあと就職率は，若干回復しましたが厳しい状況は続いています。

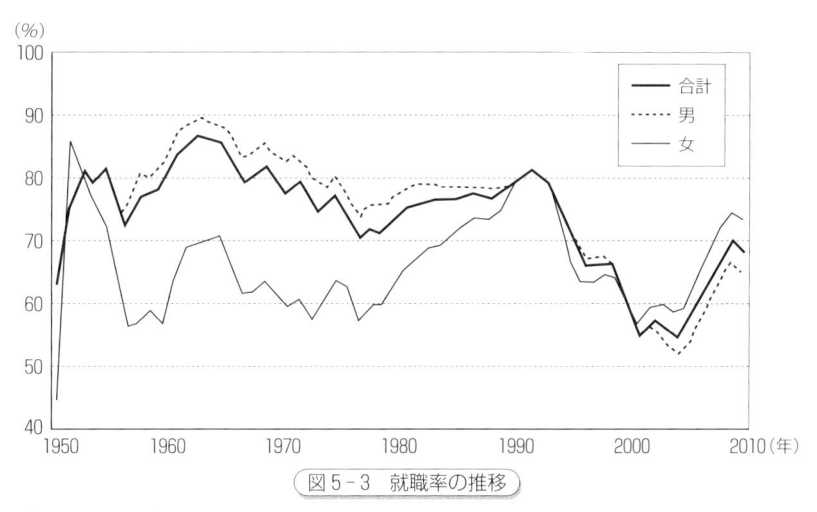

図 5-3　就職率の推移

(注)　用語の定義
　　　・就職率：就職決定者数÷卒業者数
　　　　ただし，派遣社員・契約社員などのうち，1年未満の就職の者は除く。
(出所)　文部科学省『学校基本調査』2011年版。

③成果主義の導入

成果主義*とは，個人の仕事の成果に応じて賃金・職位（昇給・昇格）を決定する人事制度の考え方のことです。日本企業では長く就業年数を昇進・昇給の基準とする年功主義を採用してきましたが，バブル経済の崩壊による業績の低迷・企業間競争の激化などによって，それが成果主義に変換しつつあります。成果主義導入によって，個人は強いストレスを感じるとともに，評価への不満

も生じ，組織も成果の評価方法に試行錯誤しています。

　＊　成果主義に関しては，中村圭介『成果主義の真実』（東洋経済新報社，2006年）参照。成果主義のプラス面，マイナス面の両方の面から分析が行われています。

　成果主義人事制度において中心になるのが評価制度です。そして，評価制度のツールとなるのが目標管理制度と**コンピテンシー**です。

　目標管理制度は，個人目標を組織目標に統合する方法です。目標管理制度では，組織目標を達成するために個人目標を設定し，その個人目標がどの程度，期間中に達成できたか，目標達成までのプロセスはどうであったかが評価され，それが賃金や昇進・昇格に結びつく制度です。

　コンピテンシーは，従業員の能力を評価する仕組みです。目標管理制度が，業績や成果を測定する制度であるのに対して，コンピテンシーは，能力を評価する仕組みといえます。コンピテンシーは，高業績者が成果を上げるプロセスにおいて共通にみられる行動特性のことです。このコンピテンシーは，1970年代，アメリカのハーバード大学のマクレランドが研究において明確化したものです。コンピテンシーとは，その職務や役割において高い業績を上げることができる知識，スキル，行動特性を基準化したものです。基本コンピテンシーとしては，リーダーシップ，強制力，チームワーク，育成力，達成志向性，イニシアティブ，フレキシビリティ，分析思考力，専門性，対人インパクト，対人理解力，関係構築力，組織感覚力，自信，セルフコントロール，組織志向性などがあります。

④成果主義人事制度の見直し

Topics 2　三井物産

　三井物産では，成果主義導入以降，従業員満足調査から数値成果偏重の風潮を確認したり，三井物産本来の「人が人を育てる」企業文化が損なわれるという危機意識が広まりました。さらに，三井物産の営業面での不祥事が相次ぐな

第5章　会社で働くとはどういうことか

どの反省から成果主義人事制度の大きな見直しを行うことにしました。成果主義人事制度の見直しでは，新たに経営理念を反映した人材育成方針に基づく「三井物産能力開発基準」を策定し，組織業績評価のウェートづけの変更をしています（『労政時報』第3686号2006年9月22日より）。

　成果主義を導入する場合は，成果を客観的にはかる基準を明確にし，その評価についても透明性の高いものにし，労使相互の十分なコンセンサスをとるようにするとともに，その制度がうまく機能しているのかを定期的にチェックすることが大切です。
　成果主義人事制度を代表する制度が「年俸制度」ですので，ここでは年俸制度について説明をしましょう。

⑤年俸制

　年俸制とは，成果主義に基づいて，プロスポーツ選手のように1年単位で賃金が決定される制度です。年俸制度では，前年度の業績・成果を中心として，能力や仕事での役割などが査定され，賃金額が決定されます。日本においては，年俸制が管理職を対象として実施される場合が多くあります。それは非管理職の従業員が労働組合員であり，年俸制への抵抗があるという側面と，生活をしていくための一定の賃金額を保証せざるをえないため，一定の賃金額に到達した管理職を対象とするほうが実施しやすいとの点からです。

> **論点** 公正・公平な人事評価を実現するためには，どのようにすればよいですか？
>
> ▶ヒント！
> 　論点を考える上での参考図書には，下記のような本があります。
> ・守屋貴司『日本企業への成果主義導入——企業内「共同体」の変容』森山書店，2005年。
> ・太田肇『日本人ビジネスマン「見せかけの勤勉」の正体——なぜ成果主義は失敗したか』PHP研究所，2010年。

第Ⅱ部　経営とは何か

3　あなたのキャリアデザインとは

（1）キャリアデザイン・ライフデザインのポイント

　ここでは，前述したような日本企業の厳しい経営環境・雇用環境の中で，どのようにみなさんがキャリアデザイン・ライフデザインを描いたらよいのかを，選択肢の多い女性を中心に考えてみましょう。

　女性のキャリアデザイン・ライフデザインのポイントとなるのは，結婚と出産です。女性にとって，結婚とその後の出産の選択は，その後の就業継続や専業主婦となるのか，シングルライフを選択するのかという人生の選択に大きくかかわっています。

　独立行政法人国立青少年教育機構が2009（平成21）年2月17日から2月23日にWEB上で満19歳から満29歳の2400人の男女に行った「結婚に対する意識」調査によれば，男女ともに，結婚に対して，「好きな人と一緒にいることができる」，「家族や子どもをもつことができる」が70％以上と，ともに高くなっているのに対して，結婚に対して大きな男女差がある項目は，女性は男性より「経済的安定を得ることができる」が3倍の回答率であり，「親や周囲の期待にこたえることができる」が1.5倍の回答率となっており，結婚が，女性にとっての将来のキャリアプラン・ライフプランにおける経済的問題と大きくかかわっていると意識されているという点がみてとれます。

　女性として，好きな人であることを大前提として，何歳で，どのような職種で，どれぐらいの年収の人と結婚したいのかと考えることも，一つのライフプランとして大切なことかもしれません。

　男女共通の場合のキャリアデザイン，ライフデザインのポイントは，大学卒業後，郷里に帰るのか，それとも，日本全国，世界で活躍するのかということになります。

第 5 章　会社で働くとはどういうことか

（2）日本の女性の出産年齢は？

　総務省の「年次別・年齢別出生数の変化」からみますと，1955（昭和30）年から2007（平成19）年には，20歳から24歳の出産数は，46万人から12万人に激減し，25歳から29歳の出産数も，69万人から32万人に半減しています。これに対して反対に，1955（昭和30）年から2007（平成19）年にかけて，30歳から34歳の出産数は，37万人から41万人，35歳から40歳も，13万人から18万人に増大しています。

　日本の出産年齢が，20歳代から30歳代に変化したのは，女性も社会で活躍することが当たり前になり，ある程度キャリアが構築されるまで出産を見送る女性が増えたからです。何歳ぐらいで結婚するのかと同時に，何歳ぐらいで何人の子どもを出産したいと考えることも，キャリアデザイン，ライフデザインにとって重要なことです。

（3）**女性の結婚・出産のキャリアデザイン・ライフデザインのタイプ別類型**

　女性の結婚と出産からキャリアデザイン・ライフデザインのタイプ別類型を考えますと，下記のような①からの⑦タイプなどが想定されます。
　　〇女性の結婚と出産からキャリアデザイン・ライフデザインのタイプ別類型
　　　①結婚せずに，働きながらシングルライフを楽しむ。
　　　②結婚をしても，子どもをつくらず，夫婦で働き続ける。
　　　③結婚をしても，子どもをつくらず，夫が働き妻は専業主婦。
　　　④出産後に復職しやすい組織（会社，企業，地方自治体，協同組合など）の社員となり，出産後は，職場復帰。
　　　⑤出産後，いったん離職して，5年から6年後に再就職。
　　　⑥出産後，離職し，資格などを身につけてスキルワーカーになる。
　　　⑦出産後，離職し，会社の経営者になる。

　まずは，結婚をするかしないかで，ライフプラン，キャリアプランは変化しますし，結婚後も，出産するか出産しないかで，ライフプラン，キャリアプランが変化します。結婚しないでシングルライフを選択するプランは①です。

結婚しても子どもをつくらない選択をするプランは②，③です。子どもを産む人生を選択するキャリアプラン，ライフプランは，④から⑦です。

「④出産後に復職しやすい組織の社員となり，出産後は，職場復帰」の「出産後に復職しやすい組織（会社，企業，地方自治体，協同組合など）」の選び方は，本書の第12章に詳しく書かれていますので参考にしてください。また，「⑤出産後，いったん離職して，5年から6年後に再就職」の場合，35歳からの再就職は，ほとんどが正規雇用の従業員より賃金の低いパートなどになりますから，税理士・薬剤師など再就職に有利な資格を取得しておくことも大切です。非正規雇用の実態については，本章で前述していますので，読みかえしてください。「⑥出産後，離職し，資格などを身につけてスキルワーカーになる」は，プログラマーやシステムエンジニア，料理教室講師，ヨガ講師，バレエ講師などのスキルを，出産前か，出産後に身につけ，フリーランスで仕事を続けることです。比較的自由に時間を使えたり，育児の情況に合わせて仕事のペースを変えることができるなどのよさがありますが，出産前からのキャリア構築が大切になります。「⑦出産後，離職し，会社の経営者になる」は，IT時代になって，インターネット上に，さまざまな仮想ショップを開設できる時代になりましたから，その可能性が広がっています。まずは，ITオークションなどで実験的に商品販売を行い，その後，インターネット上に仮想ショップを展開したり，話題のブログを開設し，それからIT上に仮想ショップを展開するケースもあるようです。今，出産後も，さまざまなキャリアの展開の可能性が広がっています。

（4）男女共通のキャリアデザイン

男女共通のキャリアデザインとしては，内部昇進型，スペシャリスト型，起業型，フリーエージェント型などがあります。内部昇進型は，企業，病院，大学，学校，地方自治体，政府などの組織の中で，主任，係長，課長，部長と昇進していくことを目指すキャリアデザインです。スペシャリスト型は，公認会計士や税理士，弁護士などのスペシャリストとして自らの専門性を高めてゆく

キャリアデザインです。起業型は，自らで会社やNPO，NGOを起こし，それらの組織の経営者として活躍していくキャリアデザインです。フリーエージェント型は，企業などと契約を結び，自らの才能によって，それを達成してゆくキャリアデザインです。

論点 あなたの今後のキャリアデザインについて述べなさい。

▶ヒント！
　○論点を考える上での参考図書としては，下記の本がお薦めです。
- 白根陸夫『キャリアビジョン──大転換期の意識革命』河出書房新書，1996年。
- 小杉礼子『若者と初期キャリア──「非典型」からの出発のために』勁草書房，2010年。
- 小杉礼子『大学生の就職とキャリア』勁草書房，2007年。
- 山田昌弘『なぜ若者は保守化するのか──反転する現実と願望』東洋経済新報社，2009年。

第6章 労働組合ってなに？
―― 労使関係と労働組合 ――

Keywords ▶ 労働組合，労働組合の主な活動，労働三権，労使関係，団体交渉，労働協約，連合，全労連，春闘

1 労働組合とは

（1）労働組合の役割

Topics 1 労働組合ができて職場が変わった

ここでは，労働組合の出版物から，労働組合が職場で必要とされた実態についてみてみましょう。

『A県B電機は，労働組合ができるまでは，社長のやりたい放題でした。社長の奥さんが庭石の位置が気に入らないからと，休みの日に電話で従業員を呼び出して，大きな庭石の移動を手伝わせる。会長が選挙に出るといっては，従業員に選挙活動をさせる。

こうした会社のやり方をなんとか変えたい，自分たちの気持ちを会社に伝えたいと若い人たちが労働組合をつくりました。それからは，選挙活動や私用に駆り出されることはなくなりました。賃金も，世間にくらべ低い実態を会社に認めさせ，格差をなくすことを約束させました。

C県D社では，オーナー社長が会長になるとき，2億円もの退職金が支払われましたが，その年の賃上げはゼロでした。ここでも若い人を中心に労働組合がつくられ，家族手当新設，毎年の賃上げなどの改善を勝ち取りました。

コンピュータ関係のE社では，赤字続きの会社の将来への不安と低い賃金や一時金への不満から労働組合結成となりました。組合は労働条件改善と合わせて，会社をよくする施策も提言しました。会社も組合の意義を認めてよい労使関係がつくられ，労働条件の改善はもちろん，企業の業績も回復しました。

　ある職場の機関紙に若い女性がこんな手記を寄せてくれました。「組合ができたら，いままで会社が決めていたことも，これからは組合との話し合いで決まることになります。私たちの気持ちを会社に伝えることができるなんて夢のようです。その夢を現実にできるようがんばりたいと思います。」

　いずれも，全日本金属情報機器労働組合が相談をうけ，一緒に労働組合の支部をつくって，職場が変わりはじめた例です。

　会社のやりたい放題がまかりとおっていた職場で，労働組合をつくった人たちには，労働組合の大切さは理屈ではありません。しかし，労働組合ができてから新しく会社に入った人には，「労働条件がよく，自由にものがいえる」のは労働組合が努力してきた結果なのだ，ということが見えません。「ものわかりのいい会社だからだ」と考えがちです。組合の大切さが実感できず，組合費をとられたり，会議や行動で自分の時間がとられるなど，わずらわしく思えるのも当然です。でも「組合なんて」という前に，もう一度考えてみましょう。

　組合はあっても組合員の気持ちがバラバラで，みんなで要求をつくりみんなで行動するという労働組合の原点が弱まったらどうなるか。会社の攻撃がはじまり，組合が会社のいいなりにされたり，組合があってもないのと同じ状況がうまれ，いつのまにか未組織の職場のようにされてしまう，そんな例も少なくないのです。』（全日本金属情報機器労働組合〔JMIU〕編『くらし・職場・政治と労働組合』学習の友社，1999年より）

　労働組合ができることによって経営者と対等に要求を行うことができるようになったことがわかりますね。しかし，労働組合ができてみると，そのありがたさや，意味が見失われてしまうこともしばしばあることも事実です。なぜそうなるのかを学ぶことも大切なポイントです。

(2) 労働組合の活動

労働組合とは，労働者が自主的に労働条件の維持改善・経済的地位の向上を目的として組織した団体です。組合員のための活動を行う組織です。労働組合の出発点は，先に紹介した組合の事例のように，人事権をもつ経営者に対して，立場の弱い労働者が結集することで，自分たちの生活や人権を守ることからはじまりました。このような経営者（資本家）である使用者と労働者の関係を労使関係と呼びます。今日では，法的にもその活動を保障されることによって，労働組合活動は世界に広がっています。

労働組合の主な活動としては，下記の三つがあります。

①雇用の確保につとめる

- 正当な理由なく賃金を低くしたり，退職させられたりということが決して起こらないように，企業活動に対して透明性や公開性を求めた活動を行います。

②労働条件の維持向上を図る

- 団体交渉を通して，給料（賃金）やボーナス（一時金），退職金などを引き上げたり，働く時間を短くしたり，職場の環境や福利厚生制度の充実・改善に取り組みます。

③職場に根差した活動を行う

- 苦情処理やレクリエーション活動など，組合員の多様な要望への対応を図ります。
- 従業員同士のコミュニケーションを図ります。

(3) 法で定められた権利

労働組合活動は，法によって定められた権利です。法律で守られているからこそ，労働組合は人事権をもつ雇う側（経営者）と対等の立場となれるのです。

日本国憲法28条では，次の三つの権利（**労働三権**）を定めています。それは，

①**団結権**—労働者が労働組合という労働者の連帯による組織をつくり団結する権利。

②**交渉権**─経営者と実質的に対等な立場に立って団体交渉をする権利。
　経営者は団体交渉の申し入れに対して，正当な理由なく拒否できません。
③**争議権**─目的を貫徹するために団体行動をする権利。
そして，労働組合法では下記の四つの事項を法的に定めています。
(1)労働者が使用者との交渉において対等の立場に立つことを促進し，労働者の地位を向上させる。
(2)労働者がその労働条件について交渉するために自ら代表者を選出する。
(3)その他の団体行動を行うために自主的に労働組合を組織し，団結することを擁護する。
(4)労働協約を締結するための団体交渉をすることおよびその手続を助成する。

（4）労使関係とは

　このような労働者・労働組合と経営者・使用者との間の雇用や労働条件，経営方針をめぐる労使の対立・交渉・協定の締結のことを広義の**労使関係**といいます。

　労使関係の狭義の定義としては，労働者が結集した労働組合の代表と経営側の代表（使用者の代表）が，労働者の待遇や労使関係上のルールや経営について合意を形成するために行う制度のことをいいます。そして，労働組合の代表と経営者の代表が交渉を行うことを**団体交渉**といいます。

　また，団体交渉を通じて経営陣と締結される契約の一種のことを，**労働協約**といいます。労働条件に関する事項を中心に，生産や経営に関する事項も含まれます。

　団体交渉を有利に進めるため，あるいは決裂した場合，労働組合が，戦略として労働を行わなかったり，工場閉鎖を行ったりする抗議行動のことをストライキといいます。

第Ⅱ部　経営とは何か

② 日本の労働組合は今

（1）日本の労働組合および労働組合員の状況

日本の労働組合数は，図6-1にみられるように，1975（昭和50）年から1994（平成6）年までは，労働組合員数を増大させてきましたが，1995年からは減少に転じるようになりました。しかし，非正規雇用労働者の解雇などの労働問題の多発することによって，非正規雇用者の組合結成が進んでおり，直近では若干下げ止まっています。

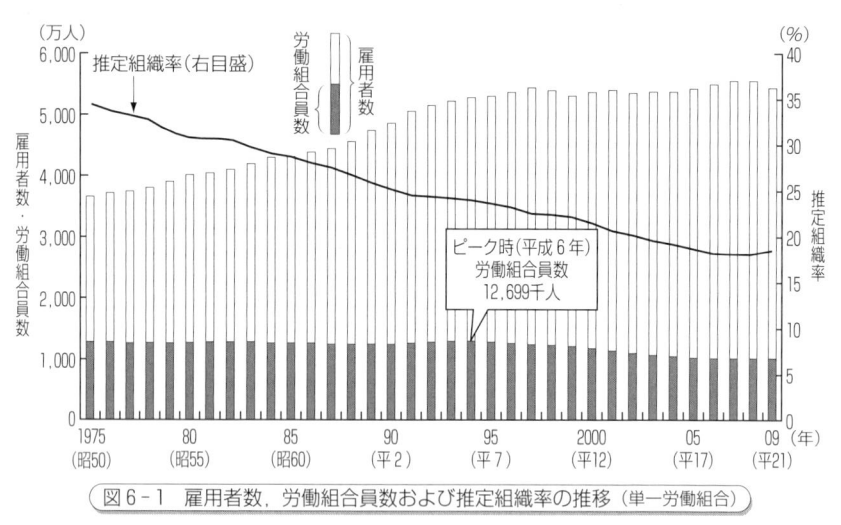

図6-1　雇用者数，労働組合員数および推定組織率の推移（単一労働組合）

（出所）　厚生労働省「平成21年労働組合基礎調査結果の概況：労働組合および労働組合員の状況」（http://www.mhlw.go.jp/toukei/itiran/roudou/roushi/kiso/09/index.html）

（2）労働組合の主要団体別の状況

2009（平成21）年の日本の労働組合の団体組織とその構成員数の変化を列挙しますと下記のようになります。

- 連合（日本労働組合総連合会）：668万人（前年に比べて6万4000人増）
- 全労連（全国労働組合総連合）：64万人（前年に比べて1万6000人減）

・全労協（全国労働組合連絡協議会）：12万人（前年に比べて4000人減）

全国レベルの労働組合団体では，連合が非正規雇用労働者の組織化を積極的に進め，若干増えているのが特徴です。

表6-1 労働組合構成員数の変化

主要団体	労働組合員数				全労働組合員数に占める割合
	2009(平21)年	対前年差	対前年比	2008(平20)年	
	(千人)	(千人)	(%)	(千人)	(%)
全労働組合員数	10,078	13	0.1	10,065	100.0
連合	6,687	64	1.0	6,623	66.4
全労連	647	−16	−2.4	663	6.4
全労協	124	−4	−2.9	128	1.2
金属労協	2,057	38	1.9	2,019	20.4
化学エネルギー鉱山労協	487	+0	0.1	486	4.8
交運労協	639	+0	+0.0	639	6.3
公務労協	1,317	−34	−2.5	1,351	13.1

（出所）　厚生労働省「平成21年労働組合基礎調査結果の概況：労働組合および労働組合員の状況」（http://www.mhlw.go.jp/toukei/itiran/roudou/roushi/kiso/09/index.html）より作成。

日本労働組合総連合会（連合）は，1989（平成元）年11月に結成されたわが国最大の労働組合全国中央組織（ナショナル・センター）であり，その路線としては，成果分配論をとり，大企業の企業別労働組合を主として，労使協調路線をとっています。

これに対して，**全国労働組合総連合**（全労連）は，中小企業や生協，それに公務員の労働組合を主とした労働組合団体で，路線としては，労使対抗路線をとっています。基本方針は，**春闘**などでの活動を通じて，賃金の引き上げや労働条件の改善に取り組んでいます。

また，労働組合は，全国レベルの団体組織以外にも，職種別・産業別の労働組合団体にも加盟しています。それを列挙しますと下記のような団体があります。

・金属労協（全日本金属産業労働組合協議会）：205万7000人
・化学エネルギー鉱山労協（日本化学エネルギー鉱山労働組合協議会）：48万

7000人
- 交運労協(全日本交通運輸産業労働組合協議会):63万9000人
- 公務労協(公務公共サービス労働組合協議会):131万7000人

先に述べた全国組織の労働組合団体は,組合員数の減少などの労働組合運動の衰退によって,1989年に5つの全国組織の労働組合団体が連合して形成されたものです。

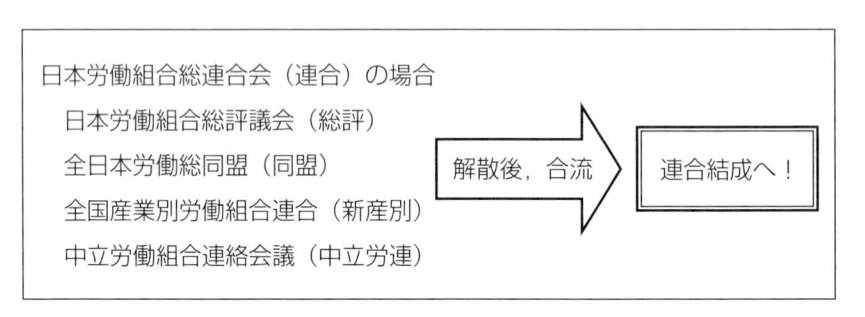

日本労働組合総連合会(連合)の場合
　日本労働組合総評議会(総評)
　全日本労働総同盟(同盟)
　全国産業別労働組合連合(新産別)
　中立労働組合連絡会議(中立労連)

解散後,合流 → 連合結成へ!

前述したように,労働組合の全国組織である連合と全労連では,大きくその性格を異にしています。それぞれの労働組合の全国組織である連合と全労連は,歴史的成立や運動の思想が異なり,かつ支持する政治路線も大きく違います。労使協調路線とは,企業が大きな利益を上げることに労働組合も協力し,その利益を労使で分配しようという「成果分配論」の立場をとるものです。これに対して,労使対抗路線は,協調路線では,長時間残業や労働者の使い捨て,さらには非正規労働者の増大による経済格差拡大などの問題が解決しないので,労働者が組合の下に団結し,労働者の権利を守り,労働条件を少しでも向上させようという伝統的な考え方の立場をとっています。

③ 21世紀における労働組合の新しい胎動

Topics 2　日本マクドナルドとケンタッキーの組合結成

　2006年5月15日，現役店長やパートタイマーら約200人によって日本マクドナルド初の「マクドナルドユニオン」が結成され，5月29日に会社に結成の旨が通告されました。結成された「マクドナルドユニオン」の要求は，①店長の長時間労働に対する実態調査の実施，②店長職に対する残業手当の支給，③昇給，昇格時の評価や査定基準を明示する，④退職金のあり方を協議する，⑤店舗社員，パート，アルバイトが有給休暇をとりやすくする，などの項目を掲げています。

　日本マクドナルドは，1971年の創業以来，創業者の藤田田によって，日本的な雇用慣行をとり，年功的な賃金制度をとってきましたが，藤田田が引退した後，米国本社の経営陣が経営を引き継いだ結果，成果主義が徹底され，不払い残業や長時間労働が蔓延することとなりました。そのため，日本マクドナルドでは，売上至上主義による不払い長時間残業が常態化し，かつ給料も下がり，多くの従業員が退職したために，危機感を抱いた従業員が労働組合を結成するに至ったのです。

　具体的にいえば，2004年に店長以上の定期昇給が廃止され，経験に関係なくベース給を月31万円に固定し，それに成果主義賃金を加える方式に変更しています。2003年末に創業以来初の希望退職146人を出し，正社員数は，2002年12月の5014人から2003年12月には4403人に減少しています。また，日本マクドナルドでは，店舗の24時間化を2006年4月の17店からはじめ，6月には全国200店舗に拡大しています。そして，労働市場の逼迫と長時間労働・低賃金からアルバイトの採用もままならず，アルバイトの定着率が低く，店舗の人員が不足し，さらに店長により負担が過重にかかってきています。日本マクドナルドの

組合結成は、まさに先にこのテキストで学んだ成果主義人事・賃金制度の導入・展開に対する反作用であるといえます。

日本マクドナルドユニオン結成において特徴的な点としては、連合が全面的に支援した点と、当初からパート・アルバイトの組織化を図ろうとした点の2点があります。

連合の全面的支援としては、産業別労働組合組織に属さず、連合東京に直接加盟する形態をとり、結成直後にも、連合の地方組織を総動員して、全国約3800店のマクドナルド店で働くパートおよびアルバイトに組合加入を勧めるビラを配布していることなどがあげられます。連合では、マクドナルドユニオンの結成を契機として、組織率の低い外食産業において、パート・アルバイトの加入を通して、組織化を図っていくことをねらっているのです。

また、パート、アルバイトの当初からの組織化は、約4600人の正社員に対して、パートタイマー、アルバイトが約10万人以上というマクドナルドの従業員構成からしても必須の課題であるといえます。それゆえ、マクドナルドユニオンでは、パートタイマー、アルバイトが組合に加入しやすくするためさまざまな工夫も行っています。例えば、高校生のアルバイトでも、保護者の同意があれば組合に加入できるように配慮したり、組合員費についても、正社員の月額2000円に対して、アルバイトは800円にとどめるなどしています。

マクドナルドユニオン結成と同時期に、日本ケンタッキーフライドチキンでも、2006年5月18日に、日本ケンタッキーフライドチキン労働組合が約20人で結成されました。日本ケンタッキーフライドチキン労働組合の結成も、先にこのテキストでも学んだ成果主義人事・賃金制度の導入・展開が大きな要因となっています。2006年4月に、人事・給与制度の変更があり、店長の給与が、これまでの勤続年数と役割的地位で決定されてきた方式から勤続年数に関係なく2ランクに分けられ、成果・業績主義に変化しました。その結果、若手の店長の給与は全般的に上昇したのに対して、年配の店長の給与が下がることとなりました。この給与の減少と給与の減少を招いた人事評価への不満も組合結成の一因となっています。

また，店舗拡大とともに，主婦などのアルバイトの中から優秀な人材を「店長格」として登用し，店長の代わりに責任者として店舗運営にあたらせる「シニアマネジャー制度」を2003年から実施し，正規従業員の店長数を増やさずに人件費を抑制しました。しかし，家庭の主婦などをいくら店長格にしても，店長の労働時間をカバーすることはできず，母店以外のサテライト店の店舗運営の責任も担わされている店長は，長時間労働となっています*。

* マクドナルドの組合結成については，『読売新聞』(2006年7月22日付)に「マクドナルドなどに労組」として報じられました。また『エコノミスト』(2006年7月25日付)では，「過労死大国」と題して，マクドナルドやケンタッキーなどのファストフード産業をはじめとして過労死に至るような労働状況が日本企業全体に広がっていることが論じられています。その意味でも労働組合の役割が求められています。

（1）非正規雇用労働者の労働組合・労働運動はなぜ生まれたのか

〈Topics 2〉でみたように，マクドナルドでも，ケンタッキーでも，非正規雇用労働者を中心に労働組合の結成が進んでいます。図6-2にあるように，1984年以降，正規雇用率が減少し，非正規雇用率が増大してきているからです。

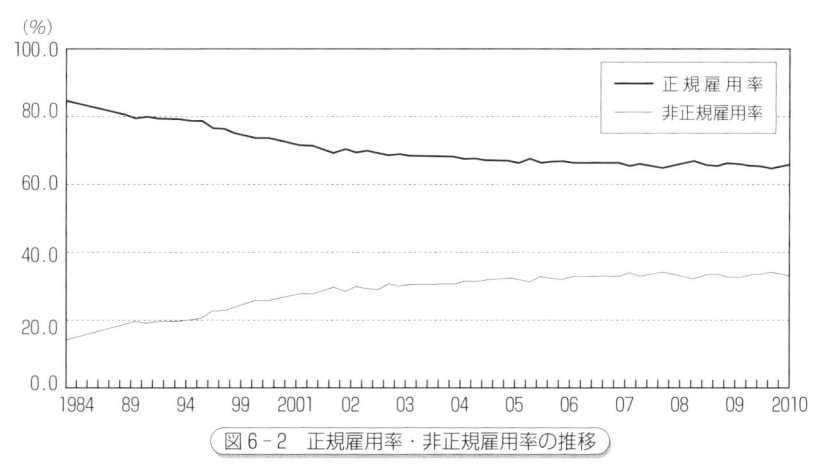

図6-2 正規雇用率・非正規雇用率の推移

（出所）総務省「労働力調査」より（http://www.stat.go.jp/data/roudou/longtime/03roudou.htm　2011年7月19日閲覧）

このような非正規雇用化の進行により，これまでの正規雇用の労働者を中心とした企業別労働組合運動から非正規雇用の労働者の個人加盟も可能な組合運動が注目されるようになっています。個人加盟型の労働組合は，地域別労働組合が発展したもので，企業と雇用形態の枠を超えた「すべての労働者」を対象とした労働相談と組織化に特徴があります。そして，労働組合法では，たとえ少数の従業員の加盟であっても，使用者代表との団体交渉権を認めていますから，個人加盟型の労働組合も，積極的に団体交渉を展開しています。

　個人加盟労働組合は，女性，外国人，青年，管理職，非正規雇用労働者（派遣労働者，パート，アルバイト，契約社員）と実に多様な層の労働者を対象とし組織化を行っています。そして，個人加盟型の労働組合は，今や組織化対象別に，管理職ユニオン，女性ユニオン，青年ユニオンといった具合に組織化が進んでいます。

（2）新しい労働運動と社会的ネットワーク

　個人加盟型ユニオンのような新しい日本の労働組合運動の特徴は，そのネットワークの力にあります。そのようなネットワークの代表的な存在は，コミュニティユニオン全国ネットワークです。「コミュニティユニオン全国ネットワーク300D」では，年1回，全国交流会を開催し，情報交換や討論などを重ねています。

　また，個人加盟型ユニオンのような新しい日本の労働組合運動の特徴は，2008年末のリーマン・ショック後の大量の「派遣切り」による派遣労働者のホームレス化問題に対して，社会的正義の立場から世論に積極的に訴えるキャンペーンを実施するなどの特徴があります。

　また，このような個人加盟型ユニオンのような新しい日本の労働組合運動では，組合員のみならず，前述したようにマスコミ，法律家集団，学者・文化人，市民など広い社会的支援のネットワークを形成して，労働・労働組合運動を展開している点が注目されます。

第 6 章 労働組合ってなに？

論点 必要だと考える労働組合の条件と，不必要だと考える労働組合の条件について述べなさい。

▶ヒント！

下記のような映画や本を読んで論点を考えてみよう。

- 映画『沈まぬ太陽』角川書店。
- 山崎豊子『沈まぬ太陽（一）～（五）』新潮社，1999年。

 この『沈まぬ太陽』は，国民航空という架空の会社を舞台として展開されますが，モデルは日本航空（JAL）であるといわれています。その国民航空社員で，主人公，恩地元が同社の労働組合委員長として，会社の意向に反したことを原因として受けた会社側からのアフリカへの左遷をはじめとした不条理な扱いや差別を描き，大きな社会的反響を呼んだ作品です。会社と航空行政の腐敗的構造と，単独機の事故として史上最悪の死者を出した日航機墜落事故を交錯させ，人の生命に直結する航空会社の企業倫理・経営倫理を問うた作品です。

- 木田融男・浪江巌・平澤克彦・守屋貴司編著『変容期の企業と社会』八千代出版，2003年。

 本書では，JALの勤務裁判事件をはじめとして，企業と労働組合の関係についても分析を行っています。

- 石井まこと・兵藤淳史・鬼丸朋子編著『現代労働問題分析──労働社会の未来を拓くために』法律文化社，2010年。

第7章 会社は何に基づいて活動しているのか
―― 経営戦略の基礎 ――

Keywords ▶ 経営環境，内部環境，外部環境，全般的環境，事業環境，市場，顧客，競争，市場原理，経営戦略，企業戦略，競争戦略，事業戦略，機能別戦略，経営資源，経営理念

　これまで，企業とは何か，企業の組織とはどのように形づくられているか，そしてそうした組織をどのように経営（マネジメント）していくのか，について説明してきました。ここからは，企業がどのようにして自分たちの進む方向を決め，どのようにして製品やサービスをつくりだしていくのかについて説明していきます。

Topics　ソニー：町工場から世界へ

　日本を代表するというよりは，すでに世界的な企業となっているソニー。第3章や第4章でも名前が出てきましたが，その歴史を追うことで，ソニーの経営戦略がどのように変遷してきたのか，あるいは変わらなかったのか考えてみましょう。

1　トランジスタラジオでの飛躍

　東京通信工業（以下，東通工，現在のソニー）は，1946年に井深大氏と盛田昭夫氏が中心となり，20数人で創業されました。井深氏は，早稲田大学理工学部出身で，中学時代はラジオ少年でした。盛田氏は，大阪大学理学部出身で，中学時代から国際感覚豊かな少年でした。その2人が知り合ったのは，1944年で

したが、「戦争が終わったら協力し合って会社を作ろう。仕事のやり甲斐のある、楽しい会社を作ろう。技術力で進んでいる海外に視野を広げて行動しよう」と誓い合いました。東通工を旗揚げした井深氏は設立趣意書で、「技術者の技能を発揮できる理想工場の建設」や「不当なる儲け主義を排し、いたずらに規模の拡大を追わず、大企業ゆえに踏み込めない技術分野をゆく」と明記しています。これが、後にテープレコーダー、トランジスタラジオ、トリニトロンカラーテレビ、ウォークマンなどの開発・販売に成功していく、「技術のソニー」の原点であったといえます。

創業期に東通工が手がけたのは、テープレコーダーの開発でした。当時、テープレコーダーは、アメリカでさえできたばかりの製品で貴重品でした。市場には普及していませんでしたし、まして日本でテープレコーダーを手がけようとする企業もなく、「1936年に、ドイツのAEG社によってプラスチックに磁気材料を塗布したテープレコーダーが発明された」ということが知られていただけで、参考書もありませんでした。東通工は、何もかも手探りの状態からテープレコーダーの開発に取り組み、多くの苦難を乗り越え、1950年には国産初のテープレコーダー「G型」の開発に成功したのです。しかし、「G型」は売れませんでした。価格が高く、大きかったからです。1951年に発売された「H型」は価格も安く、サイズもコンパクトであったので市場に受け入れられました。この機種は、家庭用としては受け入れられませんでしたが、学校に市場を創出しました。

次に東通工が取り組んだのが、トランジスタラジオの開発でした。東通工を国際企業へと推し進めたのは、トランジスタラジオの開発であったといえます。トランジスタは、アメリカのベル研究所によって発明され、製造特許はウェスタンエレクトリック社がもっていました。東通工は、その特許を購入し、トランジスタラジオを開発したのです。トランジスタは、当時は補聴器の製造ぐらいにしか使えないと思われていたのですが、東通工は、ラジオに応用することによって、小型・軽量化に成功したのです。トランジスタラジオは、その後、日本だけではなく、アメリカやヨーロッパでも爆発的に売れました。

図7-1　トランジスタラジオ「TR-55」

② 「ソニー」世界へ

　トランジスタラジオの開発・販売に際し，1950年代にアメリカへの渡航が増えていた盛田氏は，東通工という社名ではビジネスが拡大しないと考えていました。国際企業として広く社会から認知され，国際的ブランドになり，将来，エレクトロニクス事業以外の幅広いビジネスに展開しても違和感がないこと，が念頭におかれ，「SONY」ブランドが誕生しました。「SONY」は音（soundや sonic）の語源となったラテン語のソヌス（sonus）と，小さいとか坊や（sonny）を掛け合わせてつくられました。自分たちの会社は非常に小さいが，それにも増して，はつらつとした若者の集まりであるという意味があります。「SONY」というブランドが使われはじめたのは1955年で，トランジスタラジオ「TR-55」を皮切りに製品のブランドとして使われはじめました（図7-1）。さらに1958年には，社名も「東京通信工業株式会社」から「ソニー株式会社」に変更されました。その時点までに東京証券取引所第1部にカタカナの社名はなく，ソニーが初めてでした。

　ソニーが，もしテープレコーダーやトランジスタラジオの開発に成功しなかったら，大企業へと成長できず，中小企業のままであったかもしれません。ソニーはテープレコーダーやトランジスタラジオの成功によって成長できたと

第7章 会社は何に基づいて活動しているのか

いえます。それまで誰も手がけていない製品を開発・販売することによって成長してきたわけですから，ソニーはベンチャー企業であると考えることができます。その後，1960年代もソニーの成長は続き，1968年にはトリニトロンテレビが発売されました。高精細度で明るい画面を誇るトリニトロンのブラウン管を搭載したカラーテレビは，よく売れました。ソニーは，1970年には，アメリカ市場で資金調達を円滑にしブランドイメージを向上するため，世界最大の証券取引所であるニューヨーク証券取引所に上場しました。ソニーは，日本企業として初めて世界最大の証券市場への上場（⇨第2章）を果たし，この上場によって名実ともに国際企業になったといえます。そして，ソニーは，国際社会で通用する管理体制，企業体質を築くようになり，「コーポレート・ガバナンス（企業統治⇨第2章）」や「企業の社会的責任（CSR⇨第12章）」を重視する企業となりました。

　1970年代には，ベータ方式VTRやウォークマンを発売し，世界中で売れました。ベータ方式VTRは，世界初の家庭用VTRとして市場を創出しました。ウォークマンは，手のひらサイズのステレオカセットプレーヤーで，若者を中心として大ヒットしました。

　1980年代には，CD（コンパクト・ディスク），8ミリビデオの開発・販売に成功し，CBSレコード，コロンビア映画をM&A（合併・買収⇨第3章）によって獲得し，企業規模を拡大しました。また，1983年には事業本部制を導入し，1989年には外国人取締役を登用しました。しかし，1980年代になると，「ジャパンバッシング」がされるようになりました。ソニーなどの日本企業の製品の輸出が激増し，特にアメリカとの間で貿易摩擦問題が発生し，円高・ドル安も進行するなど，ソニーはさまざまな問題を抱えることになります。国際情勢がますます深刻になる中で，盛田氏は，工場や販売拠点を海外につくりながら現地の人を雇用し，その地域における「良き企業市民」として地域社会に溶け込めるよう，「グローバル・ローカライゼーション」をソニーの新たな精神として掲げました。こうして，市場のあるところで生産をするというポリシーのもとに始まったソニーの海外生産体制は，よりグローバルに効率的な生産を行う

日・米・欧・アジアの4極体制で再出発することになりました。

そして1990年代には，MD（ミニ・ディスク），ゲーム機のプレイステーション，PC（パーソナル・コンピュータ）のVAIOの開発・販売に成功し，さらに企業規模を拡大しました。

3 「技術のソニー」

このように，ソニーは，この世には存在しない新たな製品を生み出すことによって成長を遂げてきたわけですが，この点が他の日本企業にはあまり見受けられない特徴で，「技術のソニー」といわれる所以でもあります。ソニーは，「他人のやらないことをやる」ことによって成長してきたのですが，これは創業者である井深氏のスピリットでもあり，企業理念の原点にもなっています。ソニーの創業者である井深氏は，イノベーションを強く意識して，技術力を背景にソニーを国際企業へと成長させてきたのです。一方では，盛田氏が販売やマーケティングに威力を発揮して，国際企業へと成長させたといえます。また，ソニーの特徴は，井深氏，盛田氏の両方に，「大きな会社にしたい」よりも「良い会社にしたい」という意識が強かったことです。そのため，さまざまなコーポレート・ガバナンス強化のための施策が取り組まれてきました。

21世紀に入り，デジタル家電が主力製品となり，ソニーは液晶テレビのBRAVIA，DVD機，デジタルスチルカメラなどを発売しています。現在市場で普及しているブルーレイ・ディスクもソニーが開発・販売において主導的役割を果たしました。

こうして，ソニーは創業以来，成長し，さらに拡大を続けてきました。現在では，連結売上高7兆円，従業員16万人の国際企業になっています。グループ会社には，エレクトロニクス事業だけではなく，生命保険会社，映画会社，エンタテインメント会社などがあり，多角的な事業展開となっています。しかし，21世紀に入り，ソニーの成長，拡大は止まり，成熟したといえます。2005年には，ハワード・ストリンガー氏がCEOに就任しましたが，大胆な構造改革が

実施され，従業員の削減や事業の縮小なども検討されるようになり，これからは企業規模の成長，拡大が大きく見込まれない状況であるといえます。このような状況の中で，どのようにしてソニーが事業を展開していくのか，今後にも注目する必要があるといえます。

解説　会社をとりまくさまざまな要素

1 経営環境とその内容

(1) 経営環境

主体的に活動しようとする企業をとりまく状況の総体を**経営環境**といいます。企業環境，事業環境という言葉も使われますが，ほぼ同じ意味です。なお自然環境もその一部ではありますが，意味がまったく違うので注意しておいてください。環境は一般に，企業組織内部の状況＝**内部環境**（構成員，もっている技術，組織のありよう，経営資源，組織のもっている文化など）と，外部の状況＝**外部環境**に大別されます。さらに外部環境は，**全般的環境**（経済・政治・社会・文化・制度などの諸条件）と**事業環境**（競争や市場の状態，取引先，顧客など）に分けられます。このうち内部環境にかかわることはすでに第5章などで説明しました。また，外部環境のうち全般的環境にかかわることは，このあと第Ⅲ部で説明していきます。

こうした経営環境は常に変動しているので，組織は常にそれへの適応を迫られています。環境の変化への適応に失敗した組織は，競争での敗北，構成員の離反，存在意義の喪失などによって存続の基盤を失います。とはいえ，逆に環境の変化にふりまわされ，場あたりで活動していてはだめなのもいうまでもありません。そこで経営戦略が必要となるのです。

(2) 市場と競争

外部環境のうち多くの企業にとって最も重要なのは，市場です。**市場**（しじょう）（マー

ケット) とは一般に「取引」つまり何かと何かを交換する場のことを指します。もちろん，交換するお互いにとって有益でなければ取引は成立しません。自国の通貨と外国の通貨を交換するのが外国為替市場 (⇨第11章)，株式の売買つまりお金と株式の交換をするのが株式市場 (⇨第2章) です。流通事業者が生産者とのあいだでお金と生鮮食料品を交換するのが卸売市場です。

しかし経営学では，市場をある特定の欲求をもつ**顧客**(消費者など製品やサービスの買い手) の集合体のことを指して用いる場合があります。例えば，みなさんの多くは携帯電話をもっていると思います。その中で，携帯でテレビが見たい人，高度なカメラ機能がほしい人，とにかく通話料が安くないと困る人などいろいろな欲求があるでしょう。みなさんは，広い意味では「携帯電話市場」の一部ですし，その中でさらに「ワンセグ携帯市場」の一部になる人，「カメラ携帯市場」の一部になる人，「低価格携帯電話サービス市場」の一部になる人などがいるわけです。もちろん，重複する人もいるでしょう。

特定の市場に対して同じ種類の製品やサービスを供給する企業などが複数あれば，そこには**競争**が存在します。携帯電話サービスであれば，NTTドコモ，au，ソフトバンクの3社に加えて，一部で競合するPHSのウィルコムが競争しています。携帯電話の端末そのものであれば，パナソニックやシャープなどの日本の主要家電メーカーはもちろん，韓国のサムスン，フィンランドのノキアなどが激しく競争しています。競争は，同じ市場に存在する企業が，より優位性のある地位を占めようとして争うことから発生します。ただ，競争のありようはさまざまであり，複数の企業が存在する市場でも実際には棲み分けが成立し，実質的にはほとんど競争が存在しない場合もあります。

なお，経済学ではよく似た規模で，質も似たり寄ったりの製品やサービスを提供する企業が多数存在し，さらに新しくその市場で事業を展開しようとする企業 (新規参入者) が潜在的に多数存在しうるという「完全競争」の状態を基本的なモデルとして理論を展開することがままありますが，実際にはそうした市場はほとんど存在しません。現実には規模や質の面で多様な企業が同じ市場に存在し，市場に存在する欲求のごく一部にだけ対応する企業 (自動車産業で

は例えばスズキ）から，ほとんどすべてに対応する企業（同じくトヨタ）もあるという状態がむしろ普通でしょう。このため，高校の「現代社会」や「政治経済」で勉強する市場機構あるいは**市場原理**（需要と供給のバランスによって価格が決まり，また需給それぞれの量も調整されるという仕組み）も，長期間にわたって大規模な現象を観察した平均としては成り立ちますが，個々の製品やサービスの現実の価格や需給量においては理論通りにいかないと考える方が適当です。

2 会社を動かす主体的な要素：理念，目標，戦略，戦術

（1）経営戦略

〈Topics〉で取り上げた事例からも明らかなように，企業が，自分たちの会社を効果的・効率的に動かしていくためには，適切な目標が必要です。そうした目標と，それを実現するための基本的な指針を示すのが**経営戦略**です。

経営戦略とは，例えば「環境適応のパターン（企業と環境の関わり方）を将来指向的に示す構想であり，企業内の人々の意思決定の指針となるもの*」などと定義されます。この定義の中には，次のような意味合いが含まれています。

①激しく変動する経営環境のもとでも，それに振り回されないように将来の企業の方向性やあり方に一定の指針を示すこと。

②企業が，どのような形で経営環境と関係をもつのかを示すこと。

③こうした指針を通じて企業における意思決定の規範を示すこと。

* 加護野忠男による定義。石井淳蔵・奥村昭博・加護野忠男・野中郁次郎『経営戦略論（新版）』（有斐閣，1996年）より。以下の整理も同書に基づく。

ただ，経営戦略としてどこまで具体的に決めるのかについて，決定的な答えはまだみつかっていません。それぞれの企業の「経営戦略」も，「将来の夢」に近いものから「5カ年計画」といったかなり具体的なものまでさまざまです。

経営戦略はさらに三つの階層に分けられます。最上位には**企業戦略**（または全社戦略〔corporate strategy〕）があり，企業全体の方向性を示しています。ついで**競争戦略**（competitive strategy，または**事業戦略**〔business strategy〕）があり，

個々の事業単位ごとにどのような行動をとるのかを示します（⇨ 本章 p. 112)。事業単位とは企業内で相対的に独立して製品やサービスの生産，販売にあたるユニットのことで，例えば事業部などがそれにあたります。そして，企業の個々の機能（例えば生産，マーケティング，人事など）ごとに全社共通の戦略が構築される場合には，それぞれに**機能別戦略**（functional strategy）といわれるものがあります。これらの全体が経営戦略といえますが，個々の戦略が全体としての一貫性を保っていることが必要です。

ソニーの場合，トランジスタラジオが世界的に販路を広げる中で，国際的に事業を広げる戦略がとられました。このため，企業名の変更，国際基準でのコーポレート・ガバナンスの導入といった，国際的な事業拡大にふさわしい転換が行われました。しかし，それでも戦略が，企業のいろいろなところで一貫していたことが，今日のソニーの基礎として大きな意味をもっていました。

さらに，経営戦略には次のような内容が含まれている必要があります。

① ドメインの定義

ドメイン*とは，もともと生物学の用語で生存領域のことですが，企業にとっては「自社の事業はいかなるものか」を示すことです。「マクドナルドならドメインはハンバーガーだろう」と簡単に考えてはいけません。おなじファストフードのハンバーガーであっても，「おやつ」と考えるのか「軽い食事」と考えるのかによって，店舗の立地や設備，メニューの構成，従業員に対する考え方，さらには新規事業の展開など大きく異なってきます。現にマクドナルドとモスバーガー，フレッシュネスバーガーなどのチェーンについて，みなさんはそれぞれ少しずつ異なった印象をもっているでしょう。それは，各社が異なったドメインで活動しているからであると考えられるのです。〈Topics〉で取り上げたソニーでは，「技術」が一つの重要なドメインとして常におかれていたとみることができます。

* 榊原清則『企業ドメインの経営学』中公新書，1992年。

自社のドメインの設定をまちがえると，大きな失敗につながります。このことは，古い話ですが次のような例を引いてよく説明されます。アメリカの大陸

横断鉄道会社は，かつては栄華を誇っていましたが（有名なスタンフォード大学も，こうした鉄道会社の一つが出資して設立されたものです），第二次世界大戦後，貨物輸送の分野でトラックとの競争に敗れ急速に衰退しました。しかし，マーケティング学者のレビットによれば，こうした鉄道会社は自社のドメインを「列車を運行すること」と認識していたのが問題だというのです。「荷物を運ぶこと」と定義していれば，鉄道会社自らトラック輸送も手がけ，最も効率的な組み合わせを実現して引き続き貨物輸送を支配することができただろうに，「列車を運行する」ということにとらわれていたためにそうした展開ができなかったというのです[*]。

　[*]　セオドア・レビット／土岐坤訳『マーケティングの革新――未来戦略の新視点』ダイヤモンド社，2006年。

そうすれば鉄道会社が本当に生き残れたかどうかはともかく，ドメインの意義をわかりやすく説明しているとはいえますね。

　②資源の展開

ここでの「資源」とは天然資源ではなく，企業がその活動を行うために必要な**経営資源**（俗にヒト・モノ・カネ・情報といわれます）のことです。これを効率的に蓄積し，効果的に配分することが必要なのはいうまでもありません。特に配分においては，多様な事業や部門の間でどのような配分を行うかということが，戦略的な比重づけに大きく関わっていることは明らかです。そのときに，資源配分のための判断基準が経営戦略によって示されなければ，部門間の奪い合いになってしまい，効率的な配分は実現できません。例えば，事業部門ごとの資金配分の視点から経営戦略を考えようとした理論が，プロダクト・ポートフォリオ・マネジメント（PPM ⇨ 第8章）です。単独の事業しか行っていない企業であっても，例えば製造部門と販売部門とのあいだの資源配分を考えることはやはり重要です。

③競争戦略（事業戦略）

　複数の事業を展開している企業においては，全社の戦略のもとに個々の事業ごとにおいても，その分野でいかに競争優位性を確立するのかを考えなければなりません。例えばキリンやアサヒはビールだけでなく子会社によってその他のアルコール飲料やソフトドリンク，さらには一部薬品などの事業も手がけています。こうした事業への進出や撤退は全社的な経営戦略の課題ですが，それぞれの事業ごとには個別の経営環境に適合した個別の戦略が必要になります。これが競争戦略または事業戦略といわれます。

　④事業システム

　企業の活動は，自社だけで閉鎖的に行われているわけではありません。単純に考えても原料や資材の仕入れ先があり，お客さんとの関係があります。さらに，さまざまな形で多様な企業や組織との協力関係が必要になることもあります。こうした時に，必要な中間的な組織づくりを含めて，どのような外部との関係を形成していくのかも重要な戦略の内容です。

（2）戦　術

　経営戦略を実際に実行するための個別の活動を総称して戦術といいます。「戦略」と「戦術」という言葉の使い分けは，もともと軍事用語からきています。例えば近代戦の理論を確立したドイツのクラウゼヴィッツは，個々の戦闘活動を結びつけ組み合わせる活動を「戦略」，個々の部分的な戦闘の指揮を「戦術」として使い分けています。経営においてもおおよそこれに近い使い方をされます。例えばセブン-イレブンは，効率を極限まで高めることで利益を上げることが基本的な経営戦略です。このために店舗をどのようにコーディネートするのかという戦術としては，狭い店舗スペースを効率よく使うために，よく売れる商品に絞って棚に並べることになります。また，配送を効率化し，ほかの競争企業の出店を阻むために出店を一定の地域に集中させる，ドミナント出店という戦術をとっています。

　ただ，「戦略」と「戦術」という用語の使い分けは相対的です。上記の例で

も，ドミナント出店を「出店戦略」と表現しているものもあります。

（3）経営理念

　経営理念とは一般に組織の存在意義や使命を普遍的な形で表現し，企業の基本的な価値を定義するものとされます。つまり，企業が「何のために存在するのか」を示し，その構成員が「何のために働くのか」を示すものです。また，企業にとって「やっていいことと悪いこと」を判断する規範を含む場合もあります。理念を実現する道筋を示したものが経営戦略であるともいえます。

　株式会社という組織は，原理的には株主に利益を提供するために存在するのですから，経営理念などいらないという考え方も成り立ちます。しかし今日では，たんに利益の無制限な追求が倫理的に許されないというだけでなく，企業が社会の中でその存在を維持・発展させるためには，社会における自分たちの存在意義を明確にする必要があることが認識されるようになっています。また，従業員も，たんに給料をもらえばよいというわけではなく，「働きがい」や「やりがい」を仕事に求めている今日の状況のもとでは，自分たちの仕事にどのような社会的な意味があるのかを明らかにすることは，より効果的・効率的な労働を実現する上でも重要だと考えられています（⇨第5章）。

　このことから，多くの企業が何らかの理念を制定しています。とはいえ，理念はその性格上どうしても抽象的なものにならざるをえません。そこで，理念が棚ざらしになっているような企業があるのも事実です。理念に含まれる高邁な内容が，例えば実際の戦略にどれだけ反映しているのかを検証する必要もあるでしょう。理念を実質化するためには，理念が戦略に枠組みを与え，戦略が実際の戦術レベルの諸活動を規定する，という階層関係が必要であることにも留意が必要です。

第Ⅱ部　経営とは何か

論点　今日の企業は，厳しい経営環境のもとでも利益をあげ，成長していくことが求められる一方で，積極的な社会貢献や地球環境問題への対応といった社会的責任を果たすことも求められています。
この両者をともに実現する経営理念や経営戦略は可能でしょうか。また，可能だとすればどんな内容が必要でしょうか。

▶ヒント！

　経営戦略についてポイントを簡単につかむには，少し事例は古くなっていますが，次の2冊がお薦めです。
- 榊原清則『企業ドメインの経営学』中公新書，1992年。
- 加護野忠男『「競争優位」のシステム——事業戦略の静かな革命』PHP新書，1999年。

第8章 会社の動かし方としての「経営戦略」

Keywords ▶ アンゾフ，多角化，シナジー，SWOT 分析，経験曲線，PPM，SBU，ポーター，五つの競争要因，事業の定義，資源アプローチ

Topics パナソニックの事業再編にみる「選択と集中」

1 経営戦略はなぜ必要なのか？

　日本が世界に誇る産業といえば，まっ先に自動車産業と電機産業が思い出されます。自動車産業は，大まかに捉えれば製品は自動車という単一のものに限られているのに対して，電機産業は，携帯電話などの家電から発電設備のような社会インフラに至るまで，その製品領域は幅広く，かつそのラインナップが極めて多いという特徴があります。そのため，広範な製品群を効率的につくり，顧客に届けるためには，経営上の工夫が必要になります。そのような工夫を実現するため，ヒト・モノ・カネ・情報といった経営資源の配分を考える指針となるのが経営戦略です。前章の〈**Topics**〉ではソニーを取り上げましたが，この章ではパナソニック（旧松下電器産業）を取り上げ，その戦略についてみていきましょう。2社を比較しながら読むのもおもしろいかもしれません。

2 多角化と成長

　パナソニックに社名変更する前の松下電器産業（以下，松下）は，1918年に大阪で創業して以来，日本を代表する電機メーカーとして，世界にその名を轟

かせてきました。そしてその創業者である松下幸之助氏 (1894-1989) は,「経営の神様」とも呼ばれ,その卓越した経営手腕のもと,同社は成長してきました。

　松下の経営で特徴的だったのは,日本で最も早く事業部制を導入 (1933年) したことにあります。事業部制とは,事業 (松下の場合は特定の製品群を扱う単位) ごとに組織を編成し,各々に経営資源を配分する権限を与えた組織体制です。これにより,個々の事業部は,一つの企業の内部組織でありながら,まるで独立した企業のように行動することができ,迅速な意思決定が可能になるというメリットがもたらされるのです。また事業部制の採用は,企業が新しい分野に挑戦する多角化にとって好都合でもあります。松下は,事業部制と多角化を両輪とした戦略を採用することで成長してきました。

3　事業部制とグループ経営の拡大

　終戦の混乱期を乗り越えた松下は,事業部制と多角化の戦略のもと,急激に事業領域を拡大していきました。その過程で,いくつかの事業部を本社から分離し,名実ともに独立した企業 (子会社) にすることで,巨大なグループを形成していったのです。表8-1は,その主な変遷をまとめたものです。松下のグループ拡大には,主に三つの手法がとられました。第一に,前述の本社事業部の分離,子会社設立です。第二に,本社からの事業部の分離ではなく,子会社を新設する形です。そして第三に,日本ビクターに代表されるように,独立している企業に一部出資することで提携し,グループ入りしてもらう形です。

　これらの手法を組み合わせることで,松下は高度経済成長期の急激な業容拡大に対応し,業界屈指のリーダー企業になっていったのです。そしてこういった流れは,1970年代終わりごろまで続きました。

第 8 章　会社の動かし方としての「経営戦略」

表 8-1　パナソニック・グループの変遷（主要項目のみ）

	パナソニック・グループの変遷と主要な出来事
1918	松下電気器具製作所の設立・創業
1933	門真に本店を移転，事業部制を採用
1935	松下電器産業株式会社に改組
1952	松下電子工業（株）を設立 （本社の4工場を分離して設立） 中川機械（株）（旧松下冷機（株））と資本提携
1954	日本ビクター（株）と資本提携
1955	九州松下電器（株）（現在のパナソニックコミュニケーションズ（株））を設立
1956	大阪電気精器（株）（現在のパナソニックエコシステムズ（株））を設立
1958	松下通信工業（株）（現在のパナソニックモバイルコミュニケーションズ（株））を設立 （本社の通信機器製造部門を分離して設立）
1962	東方電機（株）(旧松下電送システム（株））と資本提携
1969	松下寿電子工業（株）（現在のパナソニック四国エレクトロニクス（株））を設立
1976	松下電子部品（株）（旧パナソニックエレクトロニックデバイス（株））を設立 （本社から電子部品製造部門を分離して設立）
1979	松下電池工業（株）を設立 （本社から電池製造部門を分離して設立）
2001	松下電子工業（株）を合併
2002	松下通信工業（株），九州松下電器（株），松下精工（株），松下寿電子工業（株），松下電送システム（株）を完全子会社化
2003	事業再編により，事業ドメイン別経営管理に移行 九州松下電器（株）が松下電送システム（株）と合併 松下電子部品（株），松下電池工業（株）を完全子会社化 グローバルブランドを「Panasonic」に統一
2004	松下電工（株），パナホーム（株）および傘下の子会社を連結子会社化
2007	日本ビクター（株）およびその子会社を連結子会社から持分法適用関連会社に変更 松下冷機（株）を合併
2008	パナソニック株式会社に社名変更 松下電池工業（株）を合併
2009	三洋電機（株）を子会社化
2011	パナソニック電工（株），三洋電機（株）を完全子会社化
2012	パナソニック電工（株），パナソニックエレクトロニックデバイス（株）を合併

（出所）　パナソニック本社ウェブサイトより筆者作成。

第Ⅱ部　経営とは何か

４　中村邦夫社長による経営改革：選択と集中への移行

しかしながら，1990年代後半あたりから，松下の業績は振るわなくなっていきました。数十年にも及ぶ事業部制やグループ経営の進展と複雑化により，社内外での事業の重複や，それに伴う非効率な資源配分が目立つようになっていたのです。経営の効率性を追求した結果としての事業部制やグループ経営と多角化という戦略が，皮肉にも逆に作用してしまっていたのです。そして，2001年のITバブル崩壊によって病巣は明らかとなり，問題が表面化しました。

図8-1は，1990年代半ば以降の松下の連結売上高と営業利益，当期純利益の推移をまとめたものです。先に指摘したように，1990年代後半から減収減益の傾向にあったものが，2002年3月期決算（2001年度の業績を示す）ではITバブル崩壊の影響を受け，実に4000億円超もの大幅な最終赤字を計上することになったのです。

松下最大の危機に直面し，当時の社長中村邦夫氏は，大規模な経営改革に乗り出します。このとき中村氏は，創業者である松下幸之助氏が進めてきた事業部制そのものを見直す決断をし，その果断な取り組みは「聖域なき構造改革」と称されました。再び表8-1に目を移すと，2000年代以降に松下がグループ企業の大規模な再編に着手したことがわかります。不必要な事業領域は思い切って整理し，他方で，将来の中核事業として重視するものは本社に吸収合併し，直接コントロールできるようにするといった狙いがそこにはありました。

つまり，事業領域の「選択と集中」を行ったのです。これは，経営戦略を考える上で極めて重要です。将来にわたってその企業が重視すべき領域や現在強みをもつ領域は何かを選択し，選択しなかった領域にこれまで投じていた経営資源を，重点領域に振り分け集中させるのです。松下はこの改革により，それまでグループ企業を含めると100以上あった事業部をいったん廃止し，競争力がある，もしくは今後重視すべき分野を選び出し，四つのセグメント（分野）別に再編しました。

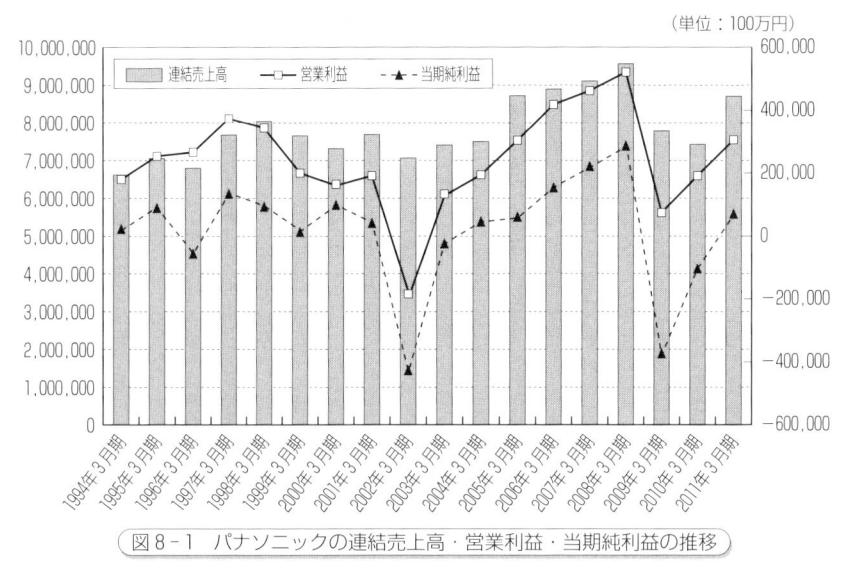

第8章　会社の動かし方としての「経営戦略」

(単位：100万円)

図8-1　パナソニックの連結売上高・営業利益・当期純利益の推移

(出所)　パナソニック（松下電器）の有価証券報告書から筆者作成。

さらに松下は，この過程で，国内外の市場で錯綜していた「National」と「Panasonic」の製品ブランド名を後者に統一することも実施しました。中村改革の集大成は，2004年に実施した松下電工（後にパナソニック電工に社名変更）の完全子会社化です。松下電工とは松下電器産業の姉妹企業であり，両社には，資本関係はあったものの，長年にわたって一定の距離を保ちつつ併存してきた経緯がありました。そのような関係に終止符を打つことは，この改革の象徴的な出来事だったといえるでしょう。

5　パナソニックのこれから：どの領域を重視しているのか

前掲の図8-1の営業利益・当期純利益のグラフが示すように，中村改革を経て，松下の業績はまさにV字回復しました。特に2000年代半ばには，右肩上がりの上昇傾向にありました。この図は同時に，中村改革によって戦略転換した松下が，いかに強靭な企業体力を身につけたかという点も物語っています。

2008年の秋にアメリカで発生したリーマン・ショックを受け，世界規模で景気後退が起こったことは記憶に新しいことでしょう。V字回復を経た松下もまた，2009年3月期の決算では減収減益に追い込まれましたが，営業利益は黒字を確保しており，かつ翌年以降急速に業績を回復しています。これもまた，中村改革の成果でしょう。

　しかしながら，松下の改革は終わったわけではありません。2006年に社長に就任した大坪文雄氏もまた，前任の中村氏同様に，大規模な改革を続けています。2008年には社名を松下電器産業からパナソニックへと変更し，製品ブランドとの整合性を図りました。そして最大の成果は，パナソニック電工と三洋電機の完全子会社化（100％出資の子会社にすること）でしょう。パナソニック電工はその後本社が吸収合併し，2012年からは名実ともに一つの事業体として運営されるようになりました。そしてまた，創業者松下幸之助氏の義弟である井植歳男氏(1902-1969)が創業した，これまた縁の深い三洋電機を傘下に収めたことで，新生パナソニックの経営戦略には大きな道筋がつきました。

　三洋電機の子会社化は，そもそもの契機は経営悪化した同社の救済であったため，パナソニックとしては想定していた改革の枠外での出来事でした。しかし，独立した大手電機メーカーである三洋電機を買収することは，パナソニックにとっても大きなチャンスだったのです。三洋電機を子会社化するにあたり，パナソニックはここでも慎重に事業の「選択と集中」を行いました。子会社化の過程で，三洋電機の家電部門，半導体部門などを売却し，世界的に競争力のある二次電池やソーラーパネルといった特定の事業領域だけを残したのです。この結果，三洋電機は最終製品を市場に供給するセットメーカーではなく，いわばエレクトロニクス部品メーカーとして再出発し，パナソニックのパートナーとして存続することになりました。以上のようなパナソニックの行動から，同社が二次電池などの新エネルギーに注目していることがわかります。そして今後，グループに迎え入れた三洋電機とのシナジー（相乗効果）を期待しつつ，他のいくつかの重点領域同様に，この分野に取り組んでいくことでしょう。

　図8-2は，2011年3月期時点のパナソニックの事業セグメント別売上高の

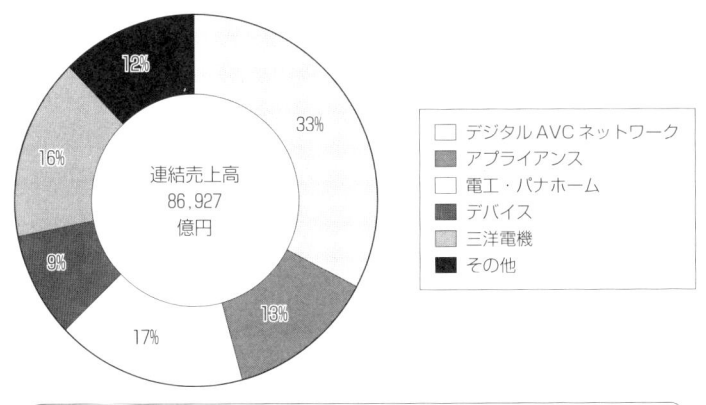

第8章　会社の動かし方としての「経営戦略」

図8-2　パナソニックの事業セグメント別売上高構成（2011年3月期実績）

連結売上高 86,927億円

- デジタルAVCネットワーク 33%
- アプライアンス 13%
- 電工・パナホーム 17%
- デバイス 9%
- 三洋電機 16%
- その他 12%

（出所）　パナソニック本社アニュアル・レポートより筆者作成。

比率です。「デジタル AVC ネットワーク」はテレビ，パソコン，携帯電話機などの AV（Audio Visual）機器，「アプライアンス」は冷蔵庫やエアコンといったいわゆる白物家電，「電工・パナホーム」は吸収合併した旧パナソニック電工と旧パナホームの事業である住宅およびその関連機器，「デバイス」は半導体や電子部品などのエレクトロニクス関連部品，「三洋電機」は完全子会社化した三洋電機に残った二次電池やソーラーパネルなど，そして「その他」は電子部品の実装機械などの産業用機械がそれぞれ主要な製品にあたります。

このグラフから，旧パナソニック電工や三洋電機が果たす役割がいかに大きいかがわかります。そして，これら六つこそが，パナソニックの「選択と集中」を経たこれからの事業領域なのです。

これまでのパナソニックの事例が示したように，経営戦略を考える上では，企業の強みと弱みを把握することや，企業を取り巻く外部環境にどのように適合していくかといった視点が欠かせません。企業が強みとする領域を的確に認識し，それが最大限活かせる市場で競争するというのが基本になります。こういった考え方のもと，企業は限られた経営資源を効率的に配分していかねばならないのです。

解説　多様な戦略論

1　戦略はどのようにつくられるのか

いまから何か新しい事業をはじめるとしましょう。さっそく「戦略」を考えようとするわけですが、どこから手をつけましょうか。アメリカの経営学者ミンツバーグは、事業をスタートさせる局面を想定して、次のように述べています*。

①Perspective：まずあなたはビジネス・アイディアを構想し、その望ましい将来像を考える。

②Plan：資金提供を受けるためには、アイディアを事業計画に具体化する。

③Position：資金提供者はあなたの事業の位置づけ——既存事業との違いなど——を問うだろう。

④Ploy：実際に事業を始めると、ライバルとの提携といった策略も必要になる。

⑤Pattern：やがてあなたは自分の得意とする成功パターンをつかんで安定していくだろう。

* H・ミンツバーグ，B・アルストランド，J・ランペル／木村充・奥澤朋美・山口あけも訳『戦略サファリ——戦略マネジメント・ガイドブック』東洋経済新報社，1999年。また，下記の整理にあたっては，総合基礎経営学運営委員会編『ベイシック経営学 Q&A［第3版］』（2007年，ミネルヴァ書房）の第1章も参考にした。

これからみていく戦略に関するさまざまな理論のうち、アンゾフはプランニング（Plan の策定）を戦略と考え、SWOT 分析や PPM の論者、あるいはポーターはポジショニング（Position の策定）を戦略と考えています。また、こうした考え方とは別に、後半で説明する、「コア・コンピタンス」や「ナレッジ・マネジメント」をキーワードとした「資源アプローチ」という戦略論もあります。それぞれが、戦略策定のどういった段階を重視しているのかを押さえながら

らみていきましょう。

２ アンゾフの戦略論

アンゾフという経営学者は，企業の戦略的な意思決定とは経営環境（⇨第7章）に対する対応の問題に関する意思決定であるとして，企業が従事すべき業種や将来進出すべき業種の選択・決定がその中心課題だと考えました。そして，次のような手法を取り上げています*。

まず，適応的探索方法（adaptive search method）によってよりよい案の策定を目指します。これはある一つの戦略に到達するための一連の探索手順で，次の手順を繰り返しながらよりよい案を立てるというものです。

①目標の設定。利益や市場シェアなど。
②企業の現状と目標のギャップの見積もり。
③比較検討するために，一つ以上の戦略案（代替案）を案出。
④どの案がギャップの縮小に適当かの検討。
⑤いずれかの戦略案を採用するか，適当なものがない場合は新しい代替案を探索。

＊ I・アンゾフ／中村元一・黒田哲彦訳『最新 戦略経営』産能大学出版部，1990年。

ついで，図8-3のような製品―市場戦略マトリックスによって，企業が成

	既存市場	新市場
既存製品	市場浸透戦略 （拡大化戦略）	市場拡大戦略 （拡大化戦略）
新製品	新製品開発戦略 （拡大開発戦略）	多角化戦略

市場浸透戦略：既存製品の既存市場における売上拡大
新製品開発戦略：新製品を既存市場へ
市場拡大戦略：既存製品を新しい市場（例えば海外）へ
多角化戦略：新製品を新市場へ

図8-3 製品―市場戦略マトリックス

長する今後の方向性を明確にします。企業が提供する「製品」とそれを販売する「市場」をそれぞれ現在と将来に分けて，適切な製品と市場の組み合わせ（ミックス）を選択するものです。

　注意が必要なのは，「多角化」という言葉です。一般的に**多角化**とは，異なる製品やサービスの分野の事業に乗り出すことで，例えば家庭電器製品メーカーがコンピュータに進出するような場合を指しますが，アンゾフは，たんに新しい製品だけでなく，新しい市場にも進出する場合のみを多角化としています。この例でいえば，家電メーカーがコンピュータの中でも，その主要な顧客層である家庭での利用にしぼったパソコンの分野のみに進出したのであれば，製品としては従来とかなり異なったものであっても，多角化とはいいません。これは，アンゾフが，このマトリックスを通じて戦略的な方向性をより明確にすることを目指しているからです。パナソニックのこれまでの戦略的な方向性は，この考え方に基づくとどのように理解できるでしょうか。

　このほか，市場浸透戦略とは既存製品を既存市場で一層の売上拡大を目指すこと，新製品開発戦略とは新製品を既存市場へ展開すること，市場拡大戦略とは逆に既存製品を新しい市場（例えば海外）へ展開することを指します。

　そして，上記の製品―市場ミックスの策定にあたっては，能力プロフィールやシナジーといった指標に注意が必要であるとされます。能力プロフィールとは，企業の能力を他社と比較するための手法です。細かくは省きますが，自社の能力を正確に把握しないことには，どこへ進出できるのかもわからないというわけです。また**シナジー**とは，一つの機能がいくつもの製品や市場に利用できることで，相乗効果や効率化が期待できることです。例えば，いま自社がもっている販売網で新製品も販売できるのなら，新しく販売網を構築する費用もかかりませんし，信頼関係のある卸売や小売店を使うことができるので，販売シナジーが期待できるわけです。

3 SWOT 分析

ポジショニングを重視する戦略論においては，SWOT 分析という手法が用いられます。これは，自社の外的状況と内的状況を評価・分析して自社に最も適合的な戦略を選択・実行しようとするものです。外的状況とは，外部環境（⇨第 7 章）に潜む機会（opportunity）や脅威（threat）を捉えることで，内的状況とは自社組織の強み（strength）と弱み（weakness）を明らかにすることです。機会をとらえ強みを活かすことが重要です。逆に，脅威と闘い弱味を改善することが望ましいのですが，脅威を避け，弱い分野はあきらめる場合もあります（図 8-4）。パナソニックにおける「選択と集中」も SWOT 分析のような考え方が背景にあるといえます。

	強み（S）	弱み（W）
機会（O）	強みを活かして事業機会を確実につかむ戦略	弱みを補強して事業機会を逃さないための戦略
脅威（T）	強みを活かして脅威を事業機会に変える戦略	弱みを抜本的に補強して脅威をかわす戦略，またはその事業からの撤退

図 8-4　SWOT 分析

4 経験曲線と PPM

（1）経験曲線とシェア重視戦略

ボストン・コンサルティング・グループ（BCG）は，1970 年代に「経験が蓄積されるにつれてコストが下がる」という傾向があることを発見しました。これを経験効果といいます。もう少し正確にいうと，「ある製品の累積生産量が倍加すれば，総費用が一定の比率で低下する」というものです。累積生産量を横軸，単位あたり費用を縦軸にとってグラフを描くと，「経験曲線」として表現されます（図 8-5）。

図8-5　経験曲線の考え方

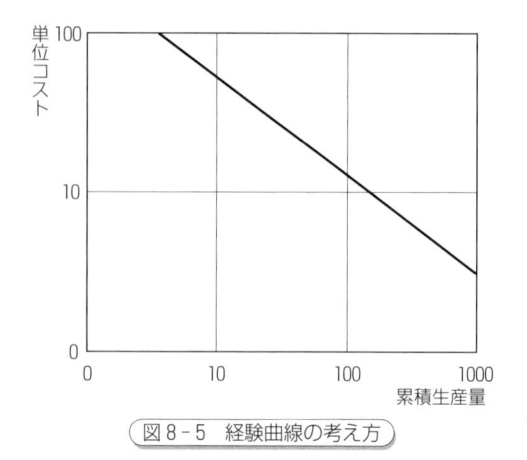

　要するに，たくさん同じものを製造していれば，作業者は慣れて習熟してくるし，生産が安定して不良品も減るし，いろいろ工夫して効率的に生産できるようになるし……というわけです。

　この考え方からすると，とるべき戦略は，ライバルよりできるだけ早く事業に参入し，累積生産量を増やして経験を蓄積すべきということになります。そこで，累積生産量を増やすためには，当然売上を増やさなければなりませんから（売れない在庫の山をつくっても意味がありません），そうすると，市場シェアをできるだけ獲得するべき，ということになります。ここから，シェアを重視する戦略の発想が生まれてきます。〈**Topics**〉でふれた「選択と集中」の考え方も一つにはここから来ているわけです。

　市場シェアとは，いろいろな企業が販売しているある商品について，全体のうちある企業が占めている割合を指します。たんにシェアとも，また市場占有率ともいいます。例えば，200X年度における携帯電話端末の出荷台数に占める東芝の市場シェアは○％である，といった用い方をします。この場合，出荷台数，販売台数，売上高など数値のとり方はさまざまなので，注意が必要です。

（2）PPM

　プロダクト・ポートフォリオ・マネジメント（PPM）は，経験曲線の考え方

第 8 章　会社の動かし方としての「経営戦略」

から引き出される市場シェア重視の視点から，市場成長率と市場シェアとの関係から自社の事業や製品のポジショニングを行い，社内の資金配分を最適化しようという考え方です。1970年代に多角化（事業を多方面に広げること）が進んだ結果，いろいろな SBU（Strategic Business Unit：戦略事業単位。例えば事業部など⇨第7章）間でどのように資金などを配分すればよいかが深刻な問題になってきたことに対応して生み出された考え方です。

　PPM では，業界の成長率と市場占有率に基づいて，SBU を図 8-6 のような四つの種類に分類します。
① 「花形（スター）」は高い利益率と豊富な資金流入がもたらされるが，市場成長率が高いので拡大のための再投資が必要となり，資金創出源にならない。
② 「金のなる木」は再投資を上回る資金流入をもたらすので，資金創出源となる。
③ 「問題児」は資金流入より多くの投資が必要なので，拡大して①へもっていくか，やめる（撤退）か判断が必要。拡大するなら資金投入が必要。
④ 「負け犬」は早くやめるべき。

そして，各製品や事業はおおよそ③→①→②→④という循環を描くので，この循環を全社的にバランスよく管理していくことが必要とされています。

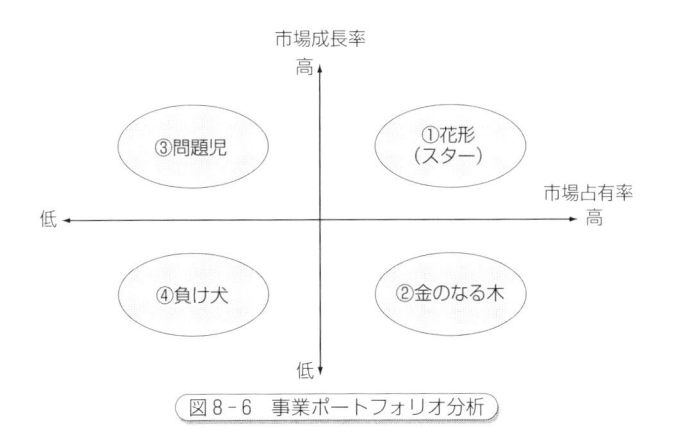

図 8-6　事業ポートフォリオ分析

しかし，そんなに単純に分類できるのかどうか，シナジー効果が無視されている「負け犬」製品にも，次世代の芽があることもある（ラジオからラジカセが生まれた例など），といった批判もあることからすれば，PPMだけで戦略を考えることには慎重であるべきです。あくまで一つの分析ツールとして考える方がよいでしょう。

5 ポーターの競争戦略論

ある市場や業界の内部で，いかに競争上の優位を獲得するのか，という競争戦略の考え方を構築し広めたのは，**ポーター**という人です。彼は，ゲーム理論を戦略に応用し，五つの競争要因を整理した上で，各企業が採用する基本戦略はコスト・リーダーシップ，差別化，集中のいずれかであると指摘しました。

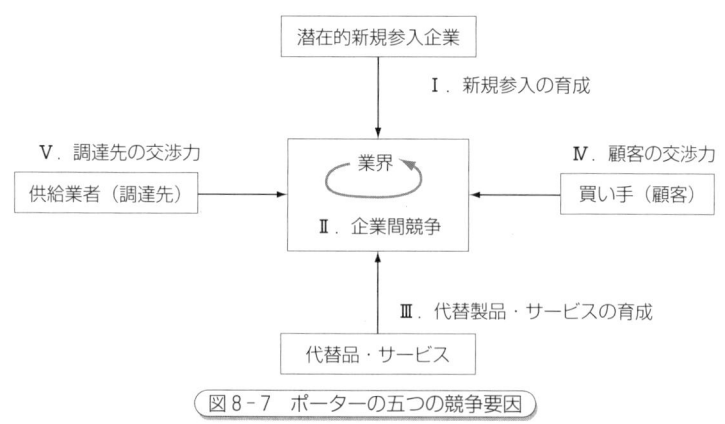

図8-7 ポーターの五つの競争要因

（出所）マイケル・E・ポーター／土岐坤・中辻萬治・服部照夫訳『新訂 競争の戦略』ダイヤモンド社，1995年。

五つの競争要因とは，ある業界内での競争は，図8-7のような競争要因によって規定されるとする考え方です。そして，それぞれの競争要因と自社との関係を適切に把握することで，自社がどのような動き方をすれば最も効果的かを考えることを提起しています。例えば，自社が缶コーヒーのメーカーであれ

第 8 章 会社の動かし方としての「経営戦略」

ば，同業者との競争はもちろん，コーヒーをつくっていなかった飲料メーカーの新規参入（新しくその市場へ向けた製品の提供をはじめること）の可能性もあり，コーヒー以外の飲み物の流行といった代替品の脅威もあります。同じような缶コーヒーがたくさんあって消費者が選択することも容易なので，買い手の側に市場の主導権があります。また，原料のコーヒー豆の供給は必ずしも安定していません。そう考えると，缶コーヒーだけで競争を乗り切っていくのはかなり大変だということになります。そこで，缶コーヒー市場でどのようにして優位をつくりだすべきかを，こうした五つの要因それぞれについて考えることになります。

またポーターによれば，基本戦略は次の三つしかなく，いくつかの条件によってどれか一つを選択するとされています。

① コスト・リーダーシップ戦略：その業界で最も低コストであるという評判を獲得する戦略。価格競争があっても最後まで利益を確保でき，価格競争がなければ他社よりも高い利益率を得られる。

② 差別化戦略：「自社だけ」が買い手に提供できる何かが，製品やサービスにあること。別な言い方をすれば，買い手にとって必要性や魅力のある

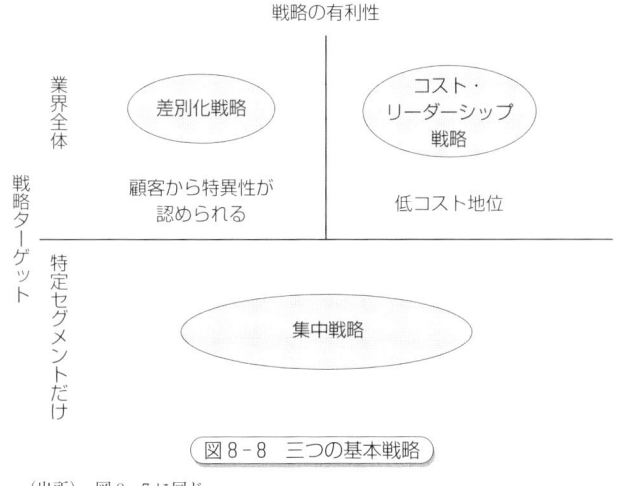

図 8-8 三つの基本戦略

(出所) 図 8-7 に同じ。

特性を満たすことができるのは、その業界では自社の製品やサービスしかないという状態をつくりだすこと。そうすると、その特性に惹かれる買い手は、価格にかかわらず買ってくれる。

③**集中戦略**：業界内のある狭い領域（例えば特定の地域）に対して経営資源を集中し、その領域から他社を排除する。業界全体の中での競争優位を獲得はできないが、その領域で一定の利益が確保できるなら、安定できる。コスト・リーダーシップまたは差別化をその領域内で達成することを目指すことになる。

ただ、複数の戦略を同時に追求することも、困難ではありますがまったく不可能ではありません。例えばトヨタは、コスト面でも欧米企業に対してたしかに主導的ですが、同時にハイブリッド車の技術などによって差別化でも優位に立っています。

6 事業の定義

また、こうしたポジショニングの議論では、自社の存在する「業界」をどう定義するかが重要になってきます。ドメイン（⇨第7章）で説明したように、自社をどのような事業と定義するかによって、「業界」も異なり、それによって競争要因も基本戦略も変わってきます。例えば、ハンバーガー主体のファストフードというと、マクドナルドとモスバーガーをすぐに思い浮かべます。しかし、この両者は同じ業界にいると単純にいえるでしょうか。

一般に**事業の定義**は、市場と技術という二つの次元から行います。市場から事業を定義するときには、事業の対象である顧客をなんらかの枠組みでグループ化し（セグメンテーション）、そのグループの求めるもの（ニーズやウォンツ⇨第9章）に対してどのような製品やサービスで応えていくのかという視点から考えます。顧客の地域的な特性や性別、年齢といった客観的な指標だけでなく、ライフスタイルや個性なども重視されます。

技術から事業を定義するというのは、組織の中核となる技術の特性から考え

ることです。ファストフードの場合，「効率的にすばやくサービスできる」というノウハウを中核技術と考えると，ハンバーガー店と牛丼店の両方を経営することも，意外に無理がないことに気がつきます。

7 資源アプローチ

　以上のような考え方とは別に，1980年代以降，**資源アプローチ**と呼ばれる経営戦略論が台頭してきました。これは，PPM 理論の過剰な適用によって，企業が自社の事業を安易に売り買いした結果，企業がもつ中核的な能力が失われたのではないかという反省があったことに起因しています。ハメルとプラハラードは，NEC が1970年代に描いた「C&C」（コンピュータとコミュニケーション）という方向性が，その後，情報通信事業分野での技術の蓄積につながり，電話機会社であった NEC を世界的な IT 企業に成長させたという事例をあげて，そうした中核的な能力を「コア・コンピタンス」と呼びました。また，日本では野中郁次郎らによって，企業内に明文化されない形で蓄積されてきた知識や経験の重要性を指摘した「ナレッジ・マネジメント」という考え方が提唱されました。こうした企業内に一貫して蓄積された「なにか」が競争上の強みとなっていくという，企業の「内側」を重視するのが資源アプローチの考え方といえます。

　さらに実際には，戦略として予め策定されたものが，計画通りに実行されるとは限りません。入り口でつまずいて実行されないこともありますが，実行に移ってからも，実際には予期しない出来事に出会うたびにそれへの対応からいろいろなことを学習し，やがてその中で成功パターンを形づくることが多いのです。実際に実現された戦略は，当初策定された「計画的戦略」と，後から形成された「創発的戦略」のさまざまな組み合わせであるといえます。まったく学習のない戦略も，まったく場当たり的な戦略も，実際にはほとんどありません。戦略は必ず必要とされながら，いまもって確実にはつかまれてはいないものといえるかもしれません。

第Ⅱ部　経営とは何か

論点 戦略が正しければ企業は成功するのでしょうか？

▶ヒント！

　いろいろな戦略論について詳しく学ぶためには，青嶋矢一・加藤俊彦『競争戦略論』（東洋経済新報社，2003年）がよくまとまっており，事例も日本のものが多いのでわかりやすい。

第9章 ものが売れる仕組み

Keywords ▶ マーケティング，4P，セグメンテーション，ターゲティング，消費財，産業財（生産財），ニーズ，ウォンツ，潜在需要，コミュニケーション，販売促進，流通，小売業，プライベート・ブランド商品（PB），ナショナル・ブランド商品（NB），価格，POS

この章では，実際に製品やサービスが売れる仕組みについて理解します。

Topics 「お～いお茶」とお茶ブーム

近年はお茶ブームといわれ，飲料メーカー各社が競ってペットボトルや缶入りのお茶を発売しています。ここでは，緑茶飲料では先行した伊藤園の「お～いお茶」を通じて，製品の開発から消費に至るプロセスについて知りましょう[*]。

1 「お～いお茶」の発売

缶，ペットボトル，ビンなどにパッケージされた清涼飲料水市場においては，1980年代末まではコカコーラに代表される炭酸飲料とコーヒー，紅茶が主流で，甘くない飲み物としては大塚製薬のポカリスエットとサントリーの烏龍茶が目

---

[*] この〈Topics〉は，立命館大学サービス・マネジメント・インスティテュート，2006年度近藤宏一ゼミナール3班の，日本学生経済ゼミナール大会提出論文「高まるペットボトルの緑茶飲料ブーム」を参考に執筆したものです。同班メンバー（浅野健志，岩倉明弘，遠藤健太郎，柚木秀彦の各君）に謝意を表します。ただし，内容に関する責任は全て本章の筆者にあります。

立つ程度でした。特に緑茶は，家庭で容易・安価においしいお茶をいれることができる上，水同様，食堂などでは無料で提供されることなどもあって，1985年に伊藤園が缶入りの「煎茶」を発売するなどいくつかの試みはあったものの，味と単価の点で大幅に劣る缶入りなどの緑茶製品はなかなか定着しませんでした。しかし，もともとお茶のメーカーである伊藤園は，そうした状況のもとでもパッケージされた緑茶飲料には需要があることを確信し，原料茶栽培の段階から製品開発を進めていました。

「お〜いお茶」

（出所）　株式会社伊藤園提供。

そして1990年に発売されたペットボトル入りの「お〜いお茶」（この名称は1989年から）が，市場の状況を大きく変える契機となりました。缶よりもより取り扱いが容易で，味の点でも保存性のよいペットボトル入りの「お〜いお茶」は徐々に売上を伸ばしていきました。今日，「お〜いお茶」は緑茶飲料市場の約3割を占めるだけでなく，清涼飲料水市場全体でも第3位の売上を達成するブランドとなっています。

２　新しい需要の発生

それまで定着しなかったパッケージ緑茶飲料が，なぜ「お〜いお茶」において成功したのでしょうか。その理由は，外部環境（⇨第7章）の変化としての潜在的な需要の拡大と，伊藤園自身の製品開発や流通の努力にあります。

①食生活の変化

1980年代における食生活の大きな変化の一つが，ファストフードや持ち帰り弁当の普及により，テイクアウトによる手軽な食事が日常的になっていったことです。この背景にはさらに，夫婦ともフルタイムで働く家庭の増加や，長時間労働・長時間通勤の常態化などがあります。それ以前は，家庭での夕食はあ

くまで家庭で調理するのが原則と考えられ，外食や出前をとるというのは特別な日だけ，という考え方が一般的でした。また，勤労者の昼食でも朝弁当をつくって持って行くことが少なくありませんでした。しかし，生活の変化を背景に，夕食のおかずの全部または一部をこうした持ち帰りによってまかなう，昼食をファストフード店やコンビニエンスストアの弁当ですませるということが一般的になっていったのです。そうしたときに，弁当やおにぎりといった和風の食事に対応する，それらと同様に手軽な飲み物が求められるようになったのです。おにぎりやトンカツ弁当にジュースやコーヒーでは合わないというわけです。

②健康志向

また，それに加えて特に1990年代からは，人々の健康志向が強くなってきました。糖分の多い炭酸飲料やコーヒー類ではなく，無糖で，健康によいとされる成分（カテキンなどが話題になりましたね）を含む緑茶飲料は，人々のそうした志向に適合したのです。

3 伊藤園の努力：製品開発と流通の整備

とはいえ，そうした需要は人々に明確に意識されていたわけではなく，潜在的なものでしかありませんでした。また，それまで「甘くない」パッケージ飲料がまったくなかったわけではありません（サントリーの「烏龍茶」はすでに市場に定着していました）し，その気になれば水筒を持ち歩くこともできます。弁当を持ち帰った先でお茶をいれることも，ふつうはそう難しいことではありません。人々が求めているもの，「手軽でおいしい，弁当に合う飲み物」への需要を，具体的な製品＝「お～いお茶」への消費に結びつけていくためには，メーカーの企業努力が必要でした。それは，第一には魅力的な製品づくり，第二に流通ルートの開発，第三に商品イメージの向上です。

①製品の開発

消費者にアピールする製品の魅力としては，「手軽で」「おいしい」ことが必

要だったといえます。まず「手軽さ」に関しては，ペットボトル入りとしたことが大きな成功要因だったと考えられます。冷やして一気に飲むことが想定される炭酸飲料と異なり，食事とともにゆっくり飲むことが考えられる緑茶飲料の場合，くりかえし栓ができ開栓後も持ち運びできるペットボトルは，飛躍的に消費者の利便性を高めました。また「味」の点でも原材料となる茶葉の栽培段階から製品開発を進め，長期間保存したあとでもおいしいと感じられるお茶へ向けた改良を進めました。

②独自の販売ルートの開発

従来の飲料水や食料品の販売ルートは，だいたい次のようなものです。まずメーカーから大手の卸売業者に納入されます。そこから一つには大手スーパーなどの大型小売店に納入されて消費者に販売されます。また同時に地域の卸売業者（問屋）にも卸され，さらにそこから地元のスーパーや小売店などに納入されて，消費者の手に届くことになります。

しかし，伊藤園が最初に発売した缶入り緑茶飲料は，それまで同社が有していた茶葉の販売ルートだけではなかなか商品についての理解が得られず，そもそも店頭に置いてもらえないことも少なくなかったようです。そこで同社では，独自の自動販売機の展開や，コンビニエンスストアなど「持ち帰り弁当」と同時に購入されることが期待できるルートの開発などを進めたのです。1999年における「お～いお茶」の売上を販売ルート別にみると，小売店や自動販売機へ向けてメーカーが直接商品を卸すルートセールスでの売上が実に89.2％であり，大卸（卸売業者）を通じた販売は8.3％にすぎません（残りは直営店）。ルートセールスの中でみても，問屋に卸している部分はわずかで（1割弱），コンビニと自動販売機で売上の半分近くを占めています（データは少し古いですが，基本的な構造は変わっていません）。自動販売機では，あえて競合する他社の自動販売機に隣接して設置することも積極的に行っています。知名度の高いコカコーラやキリンなどの自動販売機によって消費者の注目をひき，かつそうした有名清涼飲料水メーカーの主力でない製品——緑茶，麦茶，果汁飲料など——をそろえることで，有名メーカーの自動販売機に望みの飲み物がないと感じた消費者

の視線を取り込むことができるという作戦です。ちなみにコンビニや自動販売機での価格は，基本的にメーカーの設定した価格どおりになり値引き販売がないため，この部分の売上が大きいことは利益にも貢献します。

こうした外部環境の変化と企業努力の相乗効果によって「お～いお茶」がブランドとして人々のあいだに定着し，そのことによって販売ルートが拡大し，売上も伸びるという好循環をつくることができたのです。同社の発表では，2005年まで10年間連続で毎年，前年度から10％も売上が増えたという記録を残しています。

③商品イメージの向上

すでに述べたように，そもそも缶入り・ペットボトル入りの緑茶飲料自体が歴史が浅く，消費者の認知度を上げる必要がありました。また伊藤園自体の知名度も，コカコーラやキリン，アサヒといった他の清涼飲料水大手メーカーに比べれば低く，知名度を上げブランドとしてイメージを強化することが必要でした。そこで有名な女優を起用し，さわやかなイメージを演出したテレビCMの展開や，「伊藤園俳句大賞」などによって消費者の認知度を高め，ブランドイメージを向上させる方向性がとられました。この製品は特定の消費者層が求めている具体的な需要に応えるというよりは，一般の多くの人のさまざまな生活シーンの中で消費されることをねらっているため，何か特定の消費者層や特定のシーンを強く印象づけることよりも，一般的なイメージの向上が広告の中心となっています。

4 その後の「お～いお茶」

「お～いお茶」の成功や，その後さらに健康志向が強まる様子などをみて，2000年頃から他の飲料水メーカーなどもいっせいに緑茶飲料へ参入してきました。また花王の「ヘルシア緑茶」といった，独自色を強めたものも発売されています。大規模な広告展開を伴って他社の新製品が投入される際には，「お～いお茶」も影響を受けて売上が減少しますが，伊藤園が他社の話題製品に対応

する新製品を追随して発売すれば，しばらくすると売上は元に戻るという動きがしばしばくりかえされてきました。これは，「お～いお茶」に対する消費者の信頼が強く，一時的に他社製品に移っても，同種の「お～いお茶」が発売されれば，それに回帰してくるという傾向があるからではないかと考えられます。

解説　ものをつくって売る実際の仕組み

それでは，「お～いお茶」の事例も頭におきながら，製品やサービスがどのようにつくりだされ，どのように販売されるのかをみていきましょう。主に消費者向けの製品をイメージしながら説明しますが，事業者向けの製品（原材料や部品，事務用品や機械など）についても基本は同じです。

1　そもそも，「ものが売れる」には何が必要か

企業などは，何らかの製品やサービスを提供するために活動しています。簡単にいえば，それらの製品やサービスが誰かにとって有益であるときに，それは売れるのであるといえます。

ところが，実際にはそう簡単ではありません。例えば，「これはとても役に立つ製品だ」と思って生産しても，誰もそう思ってくれなければ売れませんよね。また，その製品が必要な人に情報が届かなければ，やはり売れないでしょう。また，たとえ「役に立つ」ことはわかっても，価格が非常に高ければ購入できる人は限られます。

製品やサービスが売れるためには，①誰かにとって有益であること，②それを求めている人に知られること，③それを求めている人が入手・利用できること，④価格が妥当であること，といったことが必要になります。こうしたこと全体を通じて，製品やサービスが売れる仕組みをつくることを，全体としてマーケティングと呼びます。マーケティングの基本的な要素をまとめて4Ｐと呼ぶことが多いのですが，それはProduct（製品），Promotion（宣伝・広

報), Place(立地), Price(価格)の頭文字をとったもので, それぞれ前述の①~④に対応しています。

2 製品やサービスを開発する

まずはとにかく, 売れるであろう製品やサービスを開発しなければなりません。このためには, まずはその製品やサービスがターゲットとする市場を定め, その市場ではどのようなものが売れるのかを考える必要があります。

(1) マーケット・セグメンテーションとターゲティング

第7章で説明したように, 経営学, 特にマーケティングの世界において, 「市場」とは, 同じような製品やサービスを必要としたり, 欲したりしている人(または組織)の一群を指します。例えば, 「高級アイスクリームの市場」といえば, ハーゲンダッツやレディボーデンなどを好んで買う人たちのことです。「大型コンピュータの市場」といえば, 大規模で高速な計算処理を必要とする大手銀行や研究機関などを指します。

そうした「市場」をさまざまな角度から分析し, 共通の必要や欲求をもち, 価値観, 使用方法, 購買行動などが似ている集団(セグメント)に切り分けることを**セグメンテーション**, その中のどこを事業または個々の製品やサービスの対象にしていくのかを考えることを**ターゲティング**といいます。

例えば同じ缶コーヒーでも, 若者向けなのか, 年配の人向けなのかといった年代の違い, あるいは朝食向けなのか, 午後のひと息向けなのかといった消費場面の違い, さらには流行に敏感な人かトラディショナルなライフスタイルの人かといった個人の嗜好の違いなど, さまざまなセグメントの切り分け方が考えられます。一般の消費者が主に個人的に消費する**消費財**では, 今日, 年齢や性別といった外形的な要因よりも, 価値観やライフスタイルといった心理的な要因の共通点でセグメントを分析することが, 多くの場合より有効な方法となっています。

また消費財と，企業などの組織が生産や管理などの事業活動のために購入する**産業財**（生産財）とでは，多少考え方が異なってきます。産業財には受注生産も多く，セグメントというよりは個々の販売相手ごとに異なった製品を開発することも珍しくありません。しかし，例えば産業用機械でも中小企業向けと大企業向けがあるように，ターゲット別の製品開発が行われる場合もあります。

（2）ニーズとウォンツ

ターゲットを明確化できれば，その市場のニーズとウォンツをつかみます。**ニーズ**（needs）とは，個人や組織にとって必要であるか，あるいは欲求を感じている何かです。例えば一般的な個人であれば人間にとって基本的・一般的に必要な何かで，食料，衣服，教育，娯楽といった類，たとえば「おなかが減った，なにか食べたい」といったことです。企業などであれば原材料，部品，機械，あるいは新技術の情報や経理業務サービスといったものになるでしょう。

そうしたニーズを充足する特定の製品やサービスが**ウォンツ**（wants）です。「おなかがすいた，何か食べたい」→「ラーメン食べに行こう」と考えたときの「ラーメン」がそれにあたります。そして，ウォンツを充足するものとして具体的なラーメン店の名前，例えば「天下一品」とか「王将」といったものが人々の頭に浮かぶということになります。

そこで企業としては，このウォンツに対してどのようなものを提供して，他社ではなく自社の製品やサービスを買ってもらうのかを検討するわけです。おしゃれな若者という市場に対して新しい缶コーヒーを売り出そうとすれば，そういう若者はコーヒーに何を求めているのか（味や甘さはもちろん，広告のイメージづくりも含めて）を調べ，それを満たすにはどのような製品として形づくればいいのか，を考えることになります。

ただ，このような考え方には一つ落とし穴があります。人々や企業が自分たちのほしいもの，必要なものを考えるときには，たいていの場合，すでにもっている知識からしか考えることができません。つまり，「これまでにない画期的な新製品」は，いま現在のニーズやウォンツの分析を出発点にしているとな

かなか生み出せないのです。このため実際の企業は，ニーズやウォンツとして具体的に表現されていないが，製品やサービスとして目に見えるものになれば需要が発生するとみられる「潜在需要」を掘り起こすようなものの開発にも力を入れています。例えば，アップルが iPhone を発売するまでは，誰も「スマートフォン」など考えたことがなかったわけですが，実際に発売されれば，多くの人が「そうそう，私がほしかったのはこれなんだよ！」とばかりにいっせいに飛びついたのです。

　以上のような点を検討し，それに基づいて製品やサービスを開発します。その際，後述のように価格についても検討し，価格と販売数量の見込みに基づいてコスト（費用）や利益などの見通しを立てます。

３　製品やサービスのことを知らせる

　どんなにすばらしい製品やサービスであっても，それをほしいと思うはずの人に情報が届かなければ売れませんよね。実際にも，そうやって消えていったものは少なくないのです。また，競合する製品がある場合，「他のあれこれではないわが社の製品」を買ってもらうためには，それがターゲットのニーズに合致しているか，いかに優れているのか，あるいはいかにお得なのかを理解してもらう必要があります。このために必要なのが，**コミュニケーション**です。先に述べたマーケティングの四つの要素の中では販売促進（Promotion）となっていましたが，これはコミュニケーションの手法の一つを指しており，頭文字をそろえるために使われています。

　最も一般的なコミュニケーションの手段は広告です。たいていは製品やサービスの生産者が行うもので，インターネットのバナー広告やテレビのコマーシャルをはじめ，目的やターゲットの特徴に合わせて多様な手段が駆使されます。「お〜いお茶」の場合はあまりターゲットを絞っていませんでしたので，漠然としたよいイメージを多くの人々の中につくりだすテレビのコマーシャル

が主な手段でしたが、ターゲットを絞った製品の場合は、それにふさわしい広告方法を選ぶことになります。

コミュニケーションにはまた、割引クーポンを配布するなど、「買う気を起こさせる」ためのさまざまな活動があり、**販売促進**（狭義のプロモーション）と呼ばれます。「お〜いお茶」での「伊藤園俳句大賞」も、企業と製品への親近感を増し販売を促進する手段の一つです。これらを通じて製品についての情報を提供し、実際にその製品を購入してもらおうと努めるわけです。

しかし今日では、インターネットの普及などによって、人々がもつ製品などについての情報が飛躍的に増大しています。そうなると、テレビのコマーシャルのような、誰がみているのかよくわからない広告は、費用がかかるわりには効果が大きくないのではないかと考えられるようになっています。そこで、通信販売事業者など小売業では、顧客の購買履歴を分析し、顧客一人ひとりに対して異なった内容のダイレクトメールを送ることで、製品などの情報を「それをほしがるはず」の人々に直接伝えることが重視されるようになっています。ただ、個人の購買履歴が企業に蓄積されることには、プライバシーの点での不安も指摘されています。

また、情報量の増大は、逆に情報過多で判断ができないという状況も生み出しています。そこで人々のあいだでは「口コミ」が判断材料として重視される傾向もあります。ただ、口コミは、企業の側からみればコントロールするのが非常に難しく、根拠のないうわさでも広まってしまったらどうしようもないという面をもっています。

4　製品やサービスを届ける

生産された製品が買い手の手もとに届くまでの過程が**流通**です。先の4Pでは Place（店舗などの立地）となっていましたが、これは頭文字をそろえるために少し無理をしていますね。なおサービスは通常生産と消費が同時なので、流通は形のある製品とは異なるものになりますが、細かい話になるのでここでは

省略します。

　消費財の流通では，パソコンのインターネット通販のように製造業者（メーカー）が直接消費者に販売する場合もありますが，多くの場合，あいだに流通業者が入ります。流通業者にはメーカーに直結している販売会社や，複数のメーカーの製品を扱う卸などがあり，数段階の流通業者があいだに入ることもあります。そして最終的にはスーパーや小売店，通販業者などの小売事業者から消費者に届けられます。逆に産業財では直接の取引が一般的ですが，商社という流通業者があいだに入る場合もあります。流通業者があいだに入らないほうが，費用の発生が少なく商品も迅速に届くといえますが，多様な製品を同時に店頭に並べたい小売業者にとっては，卸売業者から仕入れれば複数のメーカーの製品をまとめて扱うことができる，卸売業者のもつ情報や規模の経済性を利用できるといったメリットもあります。

　主な流通システムは以下のようなパターンになっています。伊藤園が重視している自動販売機による販売は，自動販売機を設置・管理しているのが誰なのかによって，どのパターンに入るのかが違ってきます。

〈消費財の場合〉
　　①メーカー ⇨ 卸・販売会社 ⇨ 小売 ⇨ 消費者
　　②メーカー ＝＝＝＝＝＝＝＝⇨ 小売 ⇨ 消費者
　　③メーカー ＝＝＝＝＝＝＝＝＝＝＝＝⇨ 消費者

〈産業財（生産財）の場合〉
　　①原材料・部品メーカー ＝＝＝＝＝⇨ 加工業者（メーカー）
　　②原材料・部品メーカー ⇨ 商社・卸 ⇨ 加工業者（メーカー）

　実際の流通プロセスにおいては，形のある製品の場合は物流（輸送とその管理）を伴います。また，取引においては製品と代金が交換されるわけですから，物流の逆の向きに取引流が発生します。

　流通システムの中で実際に消費者に製品を販売するのは**小売業**の事業者です。小売業者の中には，百貨店（デパート），大型ショッピングセンター，スーパー，コンビニエンスストア，専門チェーン，個人商店などさまざまな種類がありま

す。近年では，小売業者が製品開発も行い，メーカーに製造を委託して生産し，自ら販売することも増えています。例えばイオンの「トップバリュ」のように，大手総合スーパー（GMS：General Merchandising Store）などが開発し独自の統一したブランド名を付けて販売する**プライベート・ブランド商品**（PB）が，メーカーが全国的に発売する**ナショナル・ブランド商品**（NB）に対抗する力をもつようになっています。また，製品開発，生産，販売を一貫して小売企業主導で行うユニクロのような企業も増えています。一方，インターネットを通じた販売が広がる中で，パソコンのようにメーカーやメーカー直営の販売子会社が直接消費者に販売することも増えており，メーカーと小売事業者の関係や，それぞれのあり方も変化してきています。

5 価格を設定する

企業による**価格**の設定は，原理的にいえば費用に望ましい利益を足したものになります。しかし，実際には競合する製品やサービスの価格より高くてはなかなか売れません。また，ターゲットとなる人や組織などがとうてい払えないような価格であれば，たとえ有益な製品などであっても同じようになかなか売れないでしょう。かといって，あまりに安すぎると費用をまかなえないだけでなく，今度は品質に不安を感じる人もでてくるかもしれません。

そこで，実際に製品やサービスを開発する際には，「これなら売れるであろう」という価格から逆算的に費用と利益を検討し，望ましい利益が得られる水準にまで費用を抑えるための工夫がされることも少なくありません。

また，かつては小売事業者が最終的に販売する際の価格を「定価」としてメーカーが明示することが一般的でしたが，今日ではメーカーが小売事業者に対して価格拘束を行うことは，一部のものをのぞき法律で禁止されています。したがって，価格設定の主導権が製造業から小売業に移っているものも少なくありません。

第 9 章　ものが売れる仕組み

6　製品やサービスが売れてから

　最終的にそれを利用する人や組織が製品やサービスを購入したところで，流通プロセスはいったん終わりです。しかし，消費者がそれをきちんと使いこなし，期待された効果を発揮するためには，しばしばアフターサービスが必要になってきます。自動車のようにメンテナンスが必要なものや，パソコンのように後からいろいろ利用上の問い合わせが必要になってくることが多いものについては，特にアフターサービスのもつ意味が大きくなります。また，適切なアフターサービスを提供することは，次回の買い換えの際に引き続き自社の製品を購入してもらえるかどうかにも関わってきます。

　また，特に小売事業者はいつ，誰に，どのような条件の時にそれが売れたのかといった情報を把握し，より的確で効率的な品揃えや，製造業企業に対するフィードバックの検討に使うことが重要です。商品につけたバーコードをリーダーと呼ばれる機械で読みとり，それを買った人についての情報をレジで入力するか，あるいはポイントカードなどの情報からとりこむことで，そうした検討がより的確なものになります。こうしたシステムを **POS**（Point of Sales：販売時点管理）といいます。狭いコンビニエンスストアでの効果的な品揃えのために開発されたこのシステムは，今日ではあらゆる小売業の現場で使われています。

　以上のようなことの全体が，企業からみたときにマーケティングといわれる活動なのです。学園祭の模擬店でも，マーケティング的な発想を少し使ってみるだけで，意外な成功が可能になるかもしれません。営利企業だけでなく非営利組織の活動などでもマーケティングの手法が取り入れられています。
　ただ，マーケティングの濫用についての批判もあることに注意が必要です。例えば，ミネラルウォーターの多くは，成分の上でも水道水とほとんど変わりません。また，人が水をおいしいと思うかどうかを決める最も大きな要素は温

度で，適当な温度に冷やした水であれば水道水でも十分おいしく感じられるとされています。水道水の衛生に問題があれば別ですが，そうでなければ，多くの場合，水道水の数十倍も値段の高いミネラルウォーターを買う積極的な理由はないといわれます。にもかかわらず多くの人がミネラルウォーターを購入するのは，さまざまな飲料メーカーのマーケティング活動の成果であるという面があります。結果として，ペットボトルなどの廃棄物が増える，大手飲料水企業が水源を買い占めたために地元の人が飲み水を安定的に確保できなくなった，といった問題も指摘されています。マーケティングについて考える上では，こうした面も意識しておくことが望ましいといえます。

論点 30年以上ものあいだポータブル・オーディオ機器の代名詞でさえあったソニーの「ウォークマン」は，なぜアップルの「iPod」に敗れたのでしょうか？

▶ヒント！

　このことを考えるためには，まずマーケティングの基礎をきちんと学ぶ必要があります。このためには，フィリップ・コトラーの本をお薦めします。マーケティングに関するいろいろな疑問の答えの多くは，この本の中にあります。フィリップ・コトラー，ケビン・レーンケラー／恩藏直人監修，月谷真紀訳『コトラー＆ケラーのマーケティング・マネジメント　基本編　第3版』ピアソン・エデュケーション，2008年。また，「ウォークマン」や「iPod」といった「ブランド」について考えるには，石井淳蔵『ブランド』（岩波新書，1999年）が興味深い考え方を示しています。

第10章 ものをつくる仕組み

Keywords▶ フォード・システム，多品種変量生産体制，トヨタ・システム，OJT，ジャスト・イン・タイム（JIT），研究開発（R&D），垂直統合，注文生産，見込み生産，生産性，テイラー・システム，大量生産，規模の経済，物流，サプライ・チェーン・マネジメント

この章では，企業がものやサービスを生産する基本的な仕組みについて，製品開発とそれに関わる技術の問題，原材料の調達，生産の管理などのプロセスを追って説明します。

Topics 自動車の生産方式はどのように発展してきたか

1 フォード・システムの誕生と単一種大量生産

自動車の生産は，ヘンリー・フォード（Henry Ford）によって確立されたフォード・システムを基礎に，これまで発展してきました。自動車は私たちの暮らしに欠かすことのできない一部になっていますが，フォードが生まれた頃（1860年代），自動車は「金持ちの遊び道具」でしかありませんでした。しかしフォード・システムが確立していく中で，自動車に対する概念が大きく変化しました。「金持ちの遊び道具」から，誰もが買える「大衆の足」へと変わったのです。では，どのようにして自動車の概念が変化していったのでしょうか。

自動車を誰もが買える「大衆の足」にするには，価格が重要になります。価格を安く抑えることができなければ，誰もが買うことはできません（⇨第9章）。そこでフォードは，図10-1のT型車に限定し，それを大量に生産する

図 10-1　T型フォード車

ことによって，誰もが買える低価格な自動車の生産に成功しました。同じものを大量に生産するのであれば，その生産物に対する部品・材料も大量に購入する必要があります。大量に部品・材料を仕入れることで，かかる費用を低く抑えることができます。また生産物は，T型車のみに特化していたことから，生産過程で行う作業工程も同一であるため，作れば作るほど生産性は上昇していきました。生産工場で働く労働者は，何度も同様の作業を繰り返すことで，作業スピードが早くなり，1日あたりの生産量が総体的に上昇したのです。その結果，低価格な自動車の生産を実現することができました。

　このフォード・システムには，二つの特徴があります。まず一つ目が「標準化」です。標準化とは，T型車のみに対応した専門機械や専門工具を使用し，決められた作業動作を繰り返し行うことによって大量生産していくことです。そして二つ目が，「移動組み立て方式」です。移動組み立て方式は，フォード・システムが確立する以前から存在していましたが，ミシンやタイプライターなど，小さな家具や家電でした。しかしフォードは，自動車という大量の部品からなる大きな製品に対して，移動組み立て方式を適用させました。移動組み立て方式は，作業者がほとんど歩くことなく決められた範囲内で作業を完

図10-2 移動組立作業と大量生産

結することができます。そして現場作業者は，細分化された一つの工程に特化し，その作業だけを担当します。また，これまでのように作業者が，目的物（自動車）の所に向かっていくのではなく，目的物が作業者の元に向かって移動し，作業が進められるところに大きな特徴があります。移動組み立て方式を用いた自動車の生産性は，画期的に上昇していきました（図10-2）。

1909年に売り出されたT型車の価格は950ドルでしたが，1923年には295ドルにまで低下し，生産台数は1万7771台から212万898台まで急速に増大していきました。フォード・システムが確立していくことで，価格と生産台数も大きく変化していったのです。その結果，町を走る自動車の2台に1台がT型車であったといわれています。このように低価格な自動車を大量生産することで，マス・マーケット（同一の商品を非常に多くの人々が購入するような市場）が誕生しました。ヘンリー・フォードは「自動車王」として成功し，自動車産業の歴史に大きな軌跡を残すことができたのです。

2 GMの台頭と多品種変量生産

　T型車は，運転しやすく悪路に強く，そして壊れにくいといったメリットをもっています。ただしその一方，黒一色で飾りが少ないモデルでした。自動車が大衆の足となった当初，黒一色でも何ら問題はなかったのですが，国民の暮らしが豊かになると同時に，消費者のニーズも変化（1920年代）していきました。もしみなさんがT型車を購入した後，新しい自動車に買い替えるなら，次もまたT型車を購入しようと思いますか。買い替え需要が発生した1927年頃に，アメリカ自動車産業における競争の構図が大きく変わりました。

　これまで自動車のシェア率で圧倒的な数字を握っていたフォードとGM（ゼネラル・モーターズ）のシェア率が逆転します。1921年におけるフォードとGMのシェア率をみると，フォードは55.67％，GMが12.73％でした。それが1925年にはフォードが40.05％，GMが19.97％になり，そして1927年にはフォードのシェア率が9.32％まで急激に下降していきました。対してGMは，43.49％にまで急速に上昇しました。GMは，フォード・システムの弱点である単一種に目をつけ，5車種（シボレー，ポンティアック，ビュイック，オールズ，キャデラック）を市場に導入し，販売台数を伸ばすことに成功したのです。

　GMの自動車に対するコンセプトは，フォードが「壊れにくく実用的な乗り物」であったのに対し，「成功の証」です。自動車の価格は，シボレー→ポンティアック→ビュイック→オールズ→キャデラックの順に高くなります。成功した者には，それに見合うような自動車を提供するといった，これまでにない新しい生産戦略を取り入れました。そしてGMは，この生産戦略を実現するために，**多品種変量生産体制**を採用したのです。多品種変量生産によって，他とは異なる自動車を導入し，T型車に飽きていた顧客のニーズをつかむことに成功しました。またこの頃に，中古車市場も台頭してきました。

第10章　ものをつくる仕組み

3　トヨタ・システムの確立：フォード・システムの継承・発展

　GMが多種多様な自動車を市場に導入した後，自動車生産は単一種大量型から多品種変量型へと移行していきました。そして現在では，自動車企業の多くが多品種変量生産体制を採用しています。トヨタ自動車（以下，トヨタ）も，多品種変量生産体制によって自動車の生産を行っています。現時点で最も発展した生産方式であるトヨタ・システムにも，フォード・システムが継承されています。作業者が自動車部品を取りに行き組み立てるのではなく，自動車が作業者のほうへ向かってやってくる形式は変わっていません。移動組み立て方式は，移動時間の短縮と作業効率の向上を可能にしました。

　ただし，**トヨタ・システム**には，フォード・システムにない新しい生産方式が取り込まれています。フォードとGMの自動車に対するコンセプトを共に満たした生産方式が，トヨタ・システムといえるでしょう。トヨタは，低価格で壊れにくく，かつ多様な製品を市場に供給し，消費者のニーズを満たしています。そのためにトヨタでは，労働者と機械を効率的に組み合わせた生産システムの確立を目指し，日々生産ラインの改善が図られています。

　フォード・システムでは，同種の部品・材料を大量に購入し，量産していくことでコスト・ダウンを図ってきました。「規模の経済」を活かした低コストの実現化です。これに対してトヨタ・システムでは，一度に生産する量（ロット）を少なくし，さらに段取り替えを速やかに行うことで，低コストかつ多品種な自動車の生産を可能にしてきました。

　こうしたトヨタ・システムの根幹をなすのが，徹底的なムダの排除です。「乾いた雑巾を絞る」と例えられるほど，トヨタはムダの排除を追求し，改善を行ってきました。特にトヨタがこだわってきたのは，「人のムダ」です。生産量を落とすことなく，できるだけ少ない作業者で自動車を生産すれば，低コスト化につながります。したがって，フォード・システムのように各工程にのみ対応する「単能工」としての作業者を育てるのではなく，どのような工程に

も対応できる「多能工」としての人材の育成が，OJT（On the Job Training）によって行われてきました。一見すると「人材の排除」とみて取れますが，多能工に育成されているため，人手が足りない工程があれば，既存の持ち場から配置換えすることで，最大限に人材を活かすことができます。

また，どのような産業でも需要の変動はつきものですが，特に現代のような成熟した自動車産業において，大量生産を追求することは大きなリスクを伴います。大量に生産したものの，需要がなければ余分な在庫（作りすぎのムダ）が生まれます。工場内に置けるだけの在庫であれば問題はありませんが，それが収まらないようであれば，在庫専用の倉庫を建設するムダが発生します。さらに倉庫を建設するムダは，管理するための人のムダを生み出します。その他にも最悪のケースとしては，需要の低迷により生産が打ち切りになった製品の在庫はすべてムダになります。

そこでトヨタは，「必要なものを必要な時に必要な量だけ作る」というジャスト・イン・タイム（JIT：Just in Time）を考案しました。自動車を組み立てる際，各工程において加工すべき部品が必要な時に必要なだけあれば，余分な在庫を排除することができます。これまでの生産体制は，前工程から後工程へと部品が納入されるプッシュ型でした。これに対してJITでは，後工程が必要な部品を必要な量だけ，必要な時に前工程へ取りに行きます。そして前工程は，後工程に引き取られた量だけ補充します。そうすることで，余分な在庫をできる限り排除することに成功しました。これは，後工程が前工程へと必要な情報を流すため，プル・システム（引っ張り方式）と呼ばれています。そしてJITのカギを握るのが，「かんばん」です。「かんばん」には，どのような工程でどのような部品がどれだけ必要かという情報などが明示されています。したがって前工程は，「かんばん」に示された情報どおりに部品を生産すれば，できる限りムダな在庫を抑えることができます。

ただしJITを実現するためには，全生産工程における生産量のバラツキを避けなければなりません。各工程には十分な在庫がないため，バラツキが大きければ，必要なものを必要な時に供給することができなくなります。さらに，

故障した機械によって部品を加工し続け，それが後工程へと引き取られた後，不具合が発覚すると，全工程にくるいが生じるだけでなく，大きなムダが発生します。そこでトヨタでは，機械の故障によって不良品が発生した場合，自動的に機械が停止するような工夫をしています。加工した製品に不具合があれば，機械が自ら判断して自動的に停止することから，ニンベンのついた「自働化」が推進されています。そして機械が停止した際には，その原因を徹底的に追求し，同じミスが起きないよう改善が行われます。この改善を繰り返すことで，トヨタは低コストかつ高品質な自動車を多種にわたり生産することができました。その結果，自動車大国のアメリカを抜き，「世界のトヨタ」といわれるまでに成長することができたのです。

解説　ものをつくる基本的な仕組み

1　製品の開発

（1）技術と製品開発

　形のあるものであれサービスであれ，何をどのように生産するのか，をまず考えなければなりません。既存の製品をより低コストで生産して，より大きな利益を獲得するか価格競争で優位に立つという戦略もあれば，まったく新しい製品や既存のものより優れた性能の製品を作り出すことで他社製品との差別化を図っていくという戦略もあります（⇨ 第8章）。低コスト重視の戦略の場合は，原材料をより安く調達するだけでなく，より人手や機材が少なくてすむ製造工程も必要になります。差別化のためには，研究開発を進めて他社がまねできないような製品を開発する必要があります。

　こうした製品の開発には高度な技術が必要になります。このために，多くの製造業企業では，直接製品の開発や改良に結びつくとは限らない基礎的な研究によって技術的な基盤を充実させてきました。こうした技術が発展し製品として開花することを植物にたとえて，製品開発の基盤となる技術を技術シーズ

(種子)と呼ぶことがあります。また、研究と開発をあわせて**研究開発**(Research and Development の略で R&D ともいう)といい、研究開発の推進のために多くの企業に「研究所」「商品開発部」といった部門が配置されています。ただ、新薬が莫大な利益をもたらす製薬業界の大手企業のように、大規模な基礎研究から行っているところもあれば、家庭電器製品の中小メーカーのように先行する大手企業の製品を模倣し、機能やデザインを簡便にすることで低価格での供給を行うことを主にしている企業もあり、研究開発の規模や方向性はそれぞれの企業によって異なります。

さらに、具体的に製品を市場に登場させるまでには、設計や試作という過程があります。ここをしっかり行っておかないと、欠陥製品を発売してしまうこともあります。あわせて、デザインやパッケージなどもいくつかの試作品を比較検討するなどして決められていきます。また、生産の全部または一部を別な企業に委託して行うような場合には、そうした企業へどのようにして技術を移転するのかということも考えなければなりません。技術の移転によってそうした委託先の技術が向上することで、より効率的な生産が可能になる場合もありますが、高度な独自技術が流出してしまう危険もあります。

(2) 技術の功罪

現代では開発・生産技術が非常に高度になっているため、個々の製品についてユーザーがその性能などを適切に検証することは非常に難しくなっています。つまり、ユーザーは基本的にメーカーを信頼して製品を利用することになります。このため、製品に欠陥があったような場合、大きな影響が出てからはじめてそれがわかることが少なくありません。また、近年問題となっている薬害など、企業がはじめから問題点を認識していたにもかかわらず、その効果によって市場を支配することを優先したために、結果として多くの人の生命を奪ってしまったケースもあります。技術は人の生活を向上させることにつながりますが、一つまちがえれば重大な影響を及ぼすということに注意が必要です。

2　原材料などの調達

　製品開発が軌道にのり，市場調査の結果もふまえて製品化のめどが立ってくれば，今度は原材料や部品の確保が必要になります。入手が容易なものであればより安く調達できることが望ましく，入手が困難なものは他社よりも安定して調達できることが求められます。このため製造業企業では，原材料供給企業との提携や子会社化を行う，部品製造企業を下請けとして組織するといった形で安定した調達に努めています。材料の調達から製造，販売までのプロセスにそって，合併や子会社化などの手段によって企業を統合することを**垂直統合**といいます。特に日本においては，自動車や家庭電器製品などの分野で，大手メーカーの工場周辺に下請け企業の集積をつくり，それら企業から柔軟で安定的な部品供給を受けることで高い技術力と効率的な生産を達成してきました。トヨタの事例でみた JIT なども，こうした下請け企業群の存在によって支えられている側面を無視できません。大手製造業企業が工場を海外にも立地させるのが普通になっている今日では，こうした効率的な部品製造業企業との連携関係を海外でも形成することが重視されています。

　原料の分野では，現在「レアアース」に注目が集まっています。レアアースとは希少金属，すなわち極めて限られた産出量しかない金属の総称ですが，スマートフォンやハイブリッド自動車などの生産にはこうした金属が不可欠なのです。ところがこれらは産出地域が極めて限られている上，紛争地域が多い（もともと紛争の多いところに，こうした資源の獲得合戦が加わってさらに混乱しています）ため，安定的な確保が非常に難しくなっています。レアアースに限らず石油や農産物（例えば衣料品の原料である綿花）といった一般的な原料についても，生産地との良好な関係づくりなどが不可欠になってきています。

3 生産システムの構築

　製品の開発と前後して，その製品を実際に生産するための生産システムが構想されます。製品の性格や特徴に応じて生産形態や生産体制を選ばなければなりません。

（1）注文生産と見込み生産

　生産形態は，大きく二つに分かれます。**注文生産**（受注生産）とは，企業が注文を受けてから生産するものです。結婚式のために寸法を測り，生地を選んで手作りで作ってもらうウェディングドレスや，製造業企業が下請けに発注する部品などがこれにあたります。たいていの場合注文生産は，買い手が求める特別な仕様にぴったりと合わせないと意味のない製品についてとられる生産形態で，一つひとつの製品ごとについて異なった原材料をそのたびごとに仕入れ，異なった機材や生産方法を用います。このため効率は悪くなりますが，製造された製品は必ず販売できます。買い手にとっても，自分が最も必要としている機能などをもつ製品が入手できます。

　これに対して**見込み生産**（市場生産）とは，あらかじめ需要を予測して生産計画を立てて生産を行うものです。缶コーヒーや日常の衣料品など一般に広く使われる製品や，石油から作られるナフサなど多様な製品の原料として用いられるものは，こうした形態で生産されます。計画的に，そして多くの場合は大量に生産されるので効率的ですが，製品が必ず売れる保証がありません。買い手にとっては，その製品に求める機能などがそれほど厳密でない場合には，多くの場合，安くて入手が容易な見込み生産の製品を購入できるということになります。

　今日では，この二つの利点を生かした，カスタマイズ（customise）生産などといわれる中間的な生産形態も一般的になってきました。これは，部品などをあらかじめ見込み生産しておいた上で，その組み合わせは個々の買い手からの

注文に応じて行う，あるいは製造工程でいくつかの選択肢を選べるようにしておくものです。衣料品では昔から「セミ・オーダーメイド」などの名前で行われてきましたが，デル社がパソコンでこの方法をとって大きな成長を実現したことで注目されるようになりました。同社は，買い手がCPUの性能，ハードディスクドライブの容量，キーボードの種類などそれぞれごとにあらかじめ示された選択肢から選択できるようにし，それまでのパソコンが総花的な機能をパッケージして販売されることで不要な機能などがついてくる（そして，そのために価格が高くなる）ことに不満を感じていたユーザー層のとりこみに成功したのです。現在では多くのパソコンメーカーがこうした生産方法を取り入れています。また自動車でも，製造工程の中で特定の買い手の注文に応じる製品を決めて，塗色やオプション品取りつけなどの際に買い手の注文を反映させることが行われるようになっています。

(2) 生産性の向上と柔軟な生産体制

企業が利益を上げるためには，売上を伸ばすことも必要ですが，売上が伸びていてもそれ以上に費用が増えていたのでは利益は下がってしまいます。そこで，生産された製品やサービスの産出量を，そのために投入された経営資源（⇨第7章）で割ったものである**生産性**を向上させることが大きな課題となってきます。つまり，製品やサービスをより効率的に生産し，費用を下げることで利益につなげようというわけです。しかし，フォードの例でみたように，生産性の向上を極限まで追求すると製品の多様性は失われ，買い手の多様なニーズ（⇨第9章）には応えられなくなります。この矛盾をどう解決するのかは，企業の現場においても経営学においても一貫した大きなテーマです。

最初に生産性向上を科学的に考えようとしたのは，アメリカのF・W・テイラーです。例えば彼は，ある作業を行う労働者の動きを分析し，その作業にかかる時間の目標を設定しました。そして，その目標を超えることで給与が上昇するというインセンティブを労働者に与えたのです。この他のいくつかの手法を含めた**テイラー・システム**は，それまで行われてきた監督者の個人的経験に

基づく生産の管理を根底から覆す画期的なものでした。

　そして，フォードのように，単一の製品を大量に生産することで生産性を向上させようとする生産方式が**大量生産**です。大量生産の第一の利点は，大量に購入することによって原材料や部品を安く仕入れることができることです。原材料や部品の売り手にとっては，大量に買ってくれることは効率的なので価格を引き下げやすくなります。逆に言えば，買い手の側の価格交渉力が強くなるともいえます。第二の利点は，生産過程や流通過程がシンプルになることです。フォードの場合であれば，工場の生産ラインはたった1種類しかないので，機械や人員の配置が効率的にできました。こうした「規模の経済」の実現を通じて費用を引き下げ，生産性の向上を図ったのです。

　しかし，大量生産で生産される製品では，フォードT型ほど極端でなくても，個別の買い手のニーズにぴったりと合った製品を作ることは困難です。とはいえ，注文生産ではコストが高くつくため価格も高くなり，たくさんの買い手に販売することが困難になってしまいます。この問題を解決しようとした発想が多品種変量生産の考え方です。フォード・システムに代表される「移動組み立て方式」（ライン生産方式ともいう）を行いながら，その製造工程での部品の配置や機械の仕様変更を迅速に行うことで，多様な製品を柔軟に生産できるようにしたもので，トヨタ・システムはその典型例であるといえます。

（3）サービスの生産

　サービスは形のある製品とは異なり，機能や活動といった無形の製品が提供されています。このため，例えば在庫ができない，サービスを利用してくれる買い手がいないかぎり生産することができないといった特徴があり，サービスにおける生産性の向上には独自の課題があります。

4　物流とサプライ・チェーン・マネジメント

　完成した製品は，市場へと送り出されます。製品を売り手から買い手へ送る

第10章 ものをつくる仕組み

仕組みを**物流**（物的流通の略）といいます。近年では，原材料の入手から製造工程まで，あるいは製造工程から販売までといった，複数の企業間で統合的な物流のシステムをつくりだす**サプライ・チェーン・マネジメント**が注目されるようになっています。

論点 どういうときに技術は飛躍的に発展するのでしょうか？

▶ヒント！

　トヨタ・システムの考案者である大野耐一氏自身の著作が，今日でも古典として読まれています。大野耐一『トヨタ生産方式——脱規模の経営を目指して』ダイヤモンド社，1978年。また，フォードについては児童書ですが M・ポラード／常盤新平訳『フォード——ヘンリー・フォード』（岩崎書店，1997年）がお薦めです。地域の図書館の児童書コーナーなどで探してみてください。また，急速に技術を向上させてきた韓国の電器メーカーのサムスンについても調べてみましょう。

コラム

夏休みにドラッカー，コトラーなどの古典的著作に挑戦してみよう

　10年ほど前，筆者の大学院時代の先輩であるT助教授（＝当時）から聞かされた笑えない話がある。担当ゼミの学生数人が持ち込んで来た「画期的新ビジネスを思いついたので，ぜひ先生にもご賛同・ご支援をいただきたい！」という話をよくよく聴いてみると，それは単なるネズミ講だったというのだ。T助教授にしてみれば，「ちょっとでも考えたらビジネスとしてすぐ破綻するのがなぜわからないんだっ！」という思いもあっただろうが，そもそも大学生にもなってネズミ講を知らなかったからこそ，こういう噴飯モノの企画が「画期的」新事業として体を成すと思い込んでしまったのであり，それはそれで頭の痛い話である。

　古典を読まない，読んでない，あるいはお手軽な古典解説本だけ読んでマスターした気になっているのは，結局はそういうことなのである（＝読まないよりははるかにマシだが）。いつの世にも次から次へと新しい「ビジネス・モデル」は登場してくる。モノの見方・考え方の基本が身についていれば，その中のどれが，どういう意味で「真に」新しいのか，それともありきたりの仕組みを新しく見せかけているに過ぎないのか，を見破れよう。これは何も学生諸君だけへのお説教ではない。筆者の知るいくつかの企業にもある。怪しげな経営コンサルタントに薦められるままに毎度々々「カタカナ表記の新手法」を莫大なライセンス料金を払って導入し，そのために社員の賞与を削減し続け，その離職率は相変わらず高いまま。ただの「いいカモ」である。その経営陣にいわせると「これらをやり抜ければ一流企業になれる」のだそうだが，一体いつになったら自分たちのあり様が「輦に効う」だけの喜劇だと気づくのか，と案ぜずにはいられない。

　とはいえ，若いうちにしかじっくり読めない「古典」を，いくら夏休みに時間がたっぷりあろうとも独りで読み続けるのはいかにもしんどい。実際，今日偉くなっている有名教授でもほとんどの場合，若い頃に独りで読破していたわけではないのだ。輪読形式で章ごとにレジュメを作り，それを基に先生や先輩などを交えて議論し，試行錯誤しながら少しずつ理解していったのである。例えば基礎演習の仲間，先輩などを巻き込んで，互いに締め切りを設けることで「自分だけがサボるわけにはいかない」状況を作り出さないとなかなか読み通すのは難しい。

　最後に，経営学分野の代表的古典的著作をいくつか簡単に紹介しておく。

- A・D・チャンドラー，Jr.『組織は戦略に従う』ダイヤモンド社，2004年（原著初版1962年刊）。
　　デュポン，GM，シアーズ・ローバックなどのアメリカ巨大企業の詳細な事

例研究に基づいて，大きな環境変化に対して経営者たちが新たな戦略を模索し，事業部制組織構造が成立・普及していくプロセスを分析している。

- P・F・ドラッカー『マネジメント――務め・責任・実践』日経BP社，2008年（原著初版1974年刊）。

  予期せぬ変化が度々訪れる現代の経営環境において，経営者に求められる新たな発想，洞察力，責任，指導力などを論じている。70年代初頭の時点で知識労働者の管理や企業の社会的責任といった，今日的な諸問題をすでに扱っていたという点でも先駆的な著作である。

- P・コトラー『マーケティング・マネジメント』プレジデント社，1996年（原著初版1967年）。

  マーケティングをベースとした競争戦略の基本的な概念・考え方を提示している。製品・価格・流通経路・販売促進のいわゆる「４P」や，市場セグメンテーション，製品ライフ・サイクル，企業の市場地位（＝リーダー，挑戦者，フォロワー，ニッチャー）など広範囲にわたって論じられている。

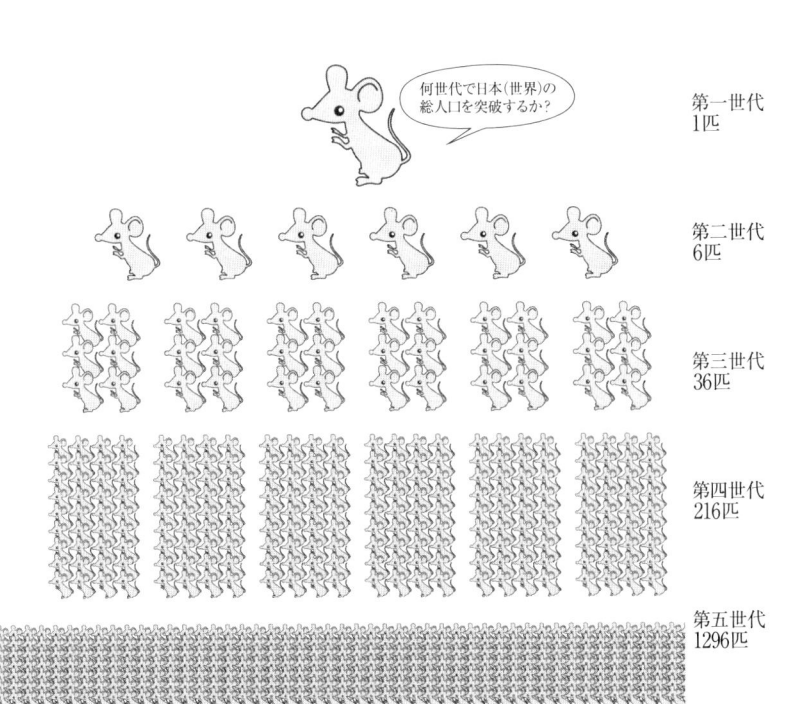

何世代で日本（世界）の総人口を突破するか？

第一世代 1匹

第二世代 6匹

第三世代 36匹

第四世代 216匹

第五世代 1296匹

第III部

現代の企業と経営

第11章 経済社会の動きと企業経営

Keywords ▶ 高度（経済）成長，石油危機，経済のサービス化，バブル経済，平成不況，経済成長，GDP，景気循環，好況，不況，新自由主義，円高・円安，変動相場制

　世界の経済や社会は非常に激しく動いています。その中にある企業も，そうした社会や経済の状況に対応していかなければなりません。また，私たちが企業について考える上でも，現代という時代の特徴をふまえておく必要があります。このために第Ⅲ部では，経済や社会の大きな動きと，その中で企業や経営にとってどんな課題があるのかということを理解することを目指します。

　第11章では，日本経済の大きな流れの中で日本の企業を取り巻く環境がどのような変化をとげてきたのか，それに応じてどのような企業が成長，または衰退してきたのかを理解し，今後の動きを考えることにします。

Topics　日本経済と企業

1　第二次世界大戦以前の日本経済と企業

　日本における資本主義的な経済システムの導入は，19世紀後半に起こった明治維新によってはじまりました。封建的な政治・経済システムは最終的に解体され中央集権的な国家機構が編成されました。そのもとで制度上，身分の区別なく自由な経済活動を行うことができるようになり，鎖国を廃して外国との経済関係が急激に拡大したこともあり，資本主義的な企業が急速に成長しました。

特に，貧困であった農民出身の安価な労働力を使った，絹織物，お茶などの外国向け輸出産業が，日本経済を近代化させるための初期の原動力となりました。

しかし，急激な成長は経済システムに独自の特徴をつくりだしました。第一の特徴は，近代以前の経済制度が温存されていたことです。その一つは，明治維新以前の封建的な農民への支配が持続したことです。このことは，国内市場の拡大の足かせとなりました。またもう一つは，特定の一族が排他的に支配する財閥が経済のかなりの部分を掌握していたことです。

第二の特徴は，こうした財閥も含めて，企業が政府の政策に強く依存していたことです。政府の産業政策は一つには外国からの投資や輸入を防ぎ国内産業を保護しようとするもので，もう一つには軍事力を使った周辺諸国への支配権拡大によって市場と資源，およびより安価な労働力を確保しようとするものでした。明治維新以降，日本がくりかえし戦争を行ってきたことにはこうした背景があります。政府と財閥は直接人間的にも強い結びつきをもっていたことから，戦争政策を含めた政府の政策は時に，直接に財閥の利益を代表することさえありました。

しかし，こうした政策は他国との衝突を引き起こしました。日本は台湾と朝鮮半島を植民地化し，さらに満州（現在の中国東北部）を事実上支配して，狭い島国の限界を超えた経済成長を目指していき，この中で日本の企業も大陸への進出を図っていきました。しかしこうした中国大陸への覇権の拡大は，侵略を受けた中国自身はもちろん中国や東南アジアに利権をもつイギリス，アメリカ，フランスなど各国との対立を引き起こしました。

このころ世界では，引き続き強国による世界分割という方向性は依然としてありながらも，他方では第一次世界大戦の経験をふまえ，紛争の平和的・政治的解決を目指す方向が模索されていました。国際連盟の設立もその一つです。しかし，日本，ドイツ，イタリアなど遅れて発展した資本主義国が，「古い」大国である英米仏に対抗して自らの勢力圏を拡大しようとしたことは，こうした平和的・政治的解決のルールづくりとは矛盾するものでした。このため日独伊などは，勢力圏の拡大を軍事力によって達成しようとし，第二次世界大戦に

突入していきました。

　第二次世界大戦において，英米仏・ソ連などの連合国と日独伊の枢軸国の間にはそもそも資源と軍事力の面で決定的な差があり，しかも途中から枢軸国側は戦略目標を喪失して，支配地域の拡大が自己目的化するという決定的な戦略的失敗をしました。このため戦況が逆転して枢軸国側の劣勢が明らかとなったあとも戦争集結のタイミングを見極めることができず，特に日本とドイツは国内が大きく破壊されるまで降伏を決断することができませんでした。このことによって多数の人命はもとより生産設備やインフラストラクチュア（鉄道，道路，電気，水道など生産や生活の基盤となる施設やシステム）が大きく破壊され，経済も深刻な打撃を受けました。

２　第二次世界大戦後の経済の動きと企業

　第二次世界大戦後，日本は連合国（事実上はアメリカ合衆国）によって占領され，そのもとで戦争へ突き進む原動力となった政治・経済・社会のさまざまなシステムの転換が図られました。そうした転換全体は一般に「(戦後) 民主化」といわれます。経済や企業との関わりで重要なポイントは次のような点です。

　第一に，労働者の権利が拡大し，国内市場が成長する基盤となりました。具体的には治安維持法の廃止（政治的・思想的自由の保障），憲法による労働三権の確立，労働組合法（労使関係の改善など）や労働基準法（非人間的な労働の禁止など）の制定などです。

　第二に，農地改革によって地主制度が廃止され，実際に農業に従事する農民が土地をもち，自分で経営することになりました。これにより農民の生活向上の基盤が成立した一方，地主に縛られなくなった農民が都会に移住する傾向も強まりました。

　第三に，財閥解体によって企業集団の閉鎖的支配を解体し，それぞれの企業を自立した資本主義企業としました。また，独占禁止法によって，正常な競争を復活させることとしました。こうした転換の結果，一時的には財閥系企業の

経営者が大幅に入れ替わる，労使紛争が多発するなどの混乱もありましたが，全体としては従来の企業に活力が生まれるとともに，新しい企業が次々と生まれてくる条件が広がりました。例えばソニーやホンダといった企業の原点も，この時代にあるといえます。

とはいえ，ほぼ完全に生産設備を破壊された日本では，経済の復興は自力では進みませんでした。日本経済の再建プロセスには，特定の重点産業に資金や原材料，労働力を振り向ける傾斜生産方式の導入と，これによる物価上昇を防ぐための賃金・物価統制，そして朝鮮戦争による膨大な軍需の発生という三つの契機が大きな役割を果たしたといわれます。

③ 高度経済成長と企業

高度（経済）成長とは，1950年代後半から70年代初めまで，日本経済が年平均実質成長率10％を達成した時期のことを指します。農業や鉱業といった第一次産業の比重が下がり，重化学工業が発達しました。輸出も，最初は繊維製品が中心でしたが，後半期には自動車や家電など重化学工業製品の国際競争力が強化されていきます。

高度成長の要因についてはいろいろな見方がありますが，根底には直接日本が関与した戦争がなく，国の経済力のほとんどを軍事力でなく産業に投入できたことと，戦後民主化によって労働者と農民の生活が徐々に安定し，国内市場が大幅に拡大したことがあげられます。

そして，直接の要因としては次のような点があげられます。第一に，生産量の拡大や設備投資による生産性の向上が容易であったことです。高い貯蓄率を背景に銀行が産業に積極的に資金を供給し，それによって企業の活発な設備投資が支えられました。政府が高速道路や港湾などのインフラストラクチュアを整備したことや，中小企業などへの低利融資の仕組みをつくったことも，企業の生産拡大を側面から援助しました。そして，農村からの「集団就職」や「出稼ぎ」によって大量の労働力が供給され，人的にも生産の拡大を支えたことで

す。第二に国際的な経済環境が有利であったことです。1970年代のいわゆる石油ショックまで，欧米の大企業によって天然資源が支配され，石油などが低価格で安定的に供給されており，また，為替が1ドル＝360円のレートで固定されていました。こうしたことは，日本企業が天然資源を輸入して加工し，それを安価に欧米に輸出して利益を得て成長することを可能にしました。こうして国内市場の拡大に下支えされつつ，輸出を起爆剤として高度経済成長が進んだのです。ただ，こうした国際経済の条件は決して自然発生的にもたらされたものではなく，東西冷戦（⇨第14章）のもとで，東アジアにおける西側の生産拠点としての日本の成長が必要とされてきたという背景があったことも指摘されています。

なお，このプロセスの中で，解体されたとはいっても結びつきは保っていた財閥系企業が再結集し，それ以外の企業もつながりを強めることによって，六大企業集団と呼ばれる大きな企業グループが形成されました。

もちろん，急激な経済成長はさまざまなゆがみを生みだしました。公害病などの環境問題や，過密・過疎の進展，さらに急激な物価上昇が続いたため経済成長ほどには国民の実質所得が伸びなかったといった問題もあります。こうした中で，公害問題などについて企業の責任を問う世論が大きくなり，また大手メーカーによる価格統制に反発するダイエー（⇨第3章）など新興小売企業の動きが世論に支持されるといった中で，企業も社会との関係を考慮せざるをえなくなってきました。このことは短期的には日本企業にとってコスト増となりましたが，後には例えば先進的な環境対応技術が世界から注目されるなど，逆に利益につながったこともありました。

4 石油危機からバブルへ

（1）石油危機と輸出大国化

1960～70年代に，全世界で植民地の独立など強国による政治的・経済的支配から脱却しようとする動きが強まりました。そうしたことを背景に，中東を中

心とした産油国が，欧米の大手企業から石油の支配権を取り戻そうとする動きの一環として，1973年に原油価格を大幅に引き上げました。これが第一次**石油危機**（オイルショック）で，これによって世界的に不景気と物価上昇が同時進行するスタグフレーションが発生し，日本の高度成長も終わりました。

日本の企業は，これに対して賃金の抑制や従業員削減といったコスト削減を進めるとともに，技術革新を進めることで，自動車，電機などでかつての低価格ではなく技術水準の高さを武器にした輸出増加などを実現し，短期間で不況から脱出しました。そして1985年には世界最大の貿易黒字国となります。こうした成果に対して世界が注目し，「日本的経営」（⇨ 第5章）がその成功のカギではないかといった議論が起きます。また日本自身も「経済大国」と自称するようになりました。

（2）貿易摩擦からバブル経済へ

しかし同時に，こうした急速な輸出拡大は日本企業の輸出に対する諸外国，特にアメリカの危機感を招き，1970年代後半以降，「貿易摩擦」問題が起きることになります。この帰結として1985年に行われた先進5カ国大蔵大臣・中央銀行総裁会議（G5）では，為替レートにおいて円高・ドル安へ各国が誘導することを決めました（プラザ合意）。この結果，3年間で1ドル＝250円が120円にまで急騰したため輸出が困難になり，「円高不況」が発生しました。

ただ，それにもかかわらず肝心のアメリカへの輸出は増え続けました。このことは，日本からのアメリカへの輸出がたんに日本企業の活動によるだけでなく，すでにアメリカ経済にとって日本からの輸入が不可欠になっていたことを示すといえます。

円高不況に加えて，これも「貿易摩擦」対策として日本からアメリカへの投資を増やすことをねらった超低金利政策がとられたこともあって，日本では銀行や企業で手持ち資金が大きく余る状態（過剰流動性）が起こりました。このことが，「バブル経済」の原因となるのです。

なお，この時期に日本でも**経済のサービス化**が進みました。経済成長は必然

的に，その国の主要な産業を農業，鉱業などの第一次産業から第二次産業（工業）へ，さらに第三次産業（商業などサービス業）へ転換させていきます。それは，消費財が個人に行き渡り人々が何かものを買うことよりも他のことにお金を使おうとするようになること，企業の活動を合理化しようといろいろな部門を外部の企業に委ねることが増えること，などによって加速されます。日本でも，第二次世界大戦後一貫して農林漁業の就業者数は減少していましたが，1970年代ごろから製造業の就業者数も増えなくなっていき，90年代からは減りはじめます。一方で商業，飲食，サービスといった部門の就業者の比率は，今日に至るまでほぼ一貫して増え続けているのです。

5 バブル経済とその崩壊

　銀行や企業は余った資金をコンピュータの導入などの設備投資や，海外への直接投資に振り向けました。日本企業の海外進出の様子が大きく変わったのもこの時期です。それ以前にも，低コストでの生産を目指した東南アジアへの工場の移転，販売網を拡大するための欧米への進出という個別的な海外進出はありました。しかし，この時期からは全世界で最適の生産，販売を組み合わせる形になっていきます。日本企業の製品であっても，メキシコで生産してアメリカで売る，ドイツで開発しスペインで生産してイギリスで売る，などが普通になっていきました。

　こうした生産や販売へ向けた投資が拡大するだけならよかったのですが，投資の拡大が景気を加速したこともあって，お金が余る状態はそれだけでは吸収できないほど巨大になってきました。そこで起こったのは，不動産，美術品，株式，土地などを，将来の値上がりを見込んで投機的に買いあさる傾向です。特に土地への投機は激しく，一時期はアメリカの国土の4％の面積しかない日本の国土全体の地価で，アメリカが三つ買えるといわれるほど地価が上昇しました。短期的にはこうした投機で巨額の利益を得た企業も多く，そのいわばおこぼれを手にすることになった一部の一般の人々も「濡れ手に粟」で手にした

お金で消費に走りました。このため，1980年代の後半には異常な投機ブームと異常な消費の拡大が起き，高級車や高級マンションが飛ぶように売れる事態となりました。この時期のこうした景気の過熱を，ふくらんでたちまち消えてしまう泡のイメージで捉え，数百年前にイギリスで起こった投機詐欺事件の「南海泡沫事件」から名前をとって，「**バブル経済**」と呼びます。

しかし，こうした過剰な投資はいずれ需要にみあわないことが明らかとなり，投資を回収する見込みが立たないことで急速な景気の後退を引き起こします。それは，投資の規模が大きければ大きいほど深刻さの度合いを増します。1990年にまず株価が，翌91年には地価が暴落をはじめ，98年にはバブル以前の価格にまで戻りました。この結果，勢いに乗って金融機関から多額の借金をしてまで土地や株式に投資を行ってきた企業や個人は，多額の損失や返せない借金を背負うことになりました。

これにより多数の企業が経営危機に陥り，大型の倒産や経営破綻もあいつぎました。そして金融機関には巨額の不良債権（返済を見込めない貸し出し）が発生しました。金融機関はこれへの対策として，貸し出しに慎重になったり（貸し渋り），通常であれば問題にならないような既存の貸し出しを無理矢理返させる（貸しはがし）などを行い，結局多数の中小企業を倒産させました。また，多くの企業で経営危機対策として合併や人員削減を進めたため，失業率は2001年に第二次世界大戦後最高を記録しました。こうして90年代には俗に「失われた10年」あるいは**平成不況**といわれる深刻な不況が日本を覆い続けたのです。

6 日本経済の課題

2004年頃より景気回復の兆しがみられはじめたとされ，設備投資の拡大などがデータには表れました。しかし，2008年に「リーマン・ショック」と呼ばれる世界的な金融危機が起こり，そこからの回復が軌道に乗るかどうかという2011年には日本で東日本大震災とそれに起因する原発災害，ヨーロッパでは国債の信用不安からはじまる金融危機が起こり，動揺はますます大きくなってい

第11章　経済社会の動きと企業経営

ます。

　いずれにせよ日本経済は将来への不安を抱えたままであり，例えば次にあげるような課題があります。経済の動きは企業の活動がどのような方向に向かうかによっても大きな影響を受けますから，こうした課題と企業の活動との関係は今後も注目していく必要がありそうです。

①財政赤字：政府と自治体の赤字は世界でも最も深刻なレベルにあります。将来その借金をどう返すのかの見通しはなく，消費税などのさらなる増税や，健康保険など社会保障の縮小によらざるをえないという見方が強くあります。しかし，こうした政策は国民生活への影響が大きいことからさらに消費を冷え込ませ，結果として市場を失った企業が倒産したり，海外へ逃避することにもつながります。

②少子高齢化，さらには人口減少：こうした傾向によって直接には，高齢者など社会によって支えられる人口が増え，支える側の人口が減ることで，支える側の負担が過大になる危険性が指摘されています。同時に，元気な高齢者が増えることは労働力としても市場としても新しい可能性が開けることも期待されています。

③失業の増大：すでに紹介したように，こうした厳しい経済情勢のもとで，企業は人件費を減らし，生産のさらなる海外移転を進めています。このため，職に就けない人や不安定な雇用にある人がますます増えていくことが予想されます。

　こうした見通しのもとで，「構造改革」の必要性も強調されていますが，政府の進める「構造改革」が，はたしてほんとうに問題の解決につながるものなのかどうかについては強い疑問も示されています。経済界にも，それぞれの企業の立場を反映して，どのような改革を進めるべきかについてはいろいろな意見があります。

　他方で，中国の急成長にみられるように，アジアと日本との関係も変化を迫られています。それは，たんに個別アジア諸国と日本との関係だけではありません。すでにヨーロッパ企業の中には日本よりも中国との関係を深めるところ

が増えています。かつてはアメリカとの関係を軸にして考えればよかった日本の国際関係も、そうはいかなくなっていることに注意が必要です。このあたりは第14章でも検討します。

解説　経済と企業との関係を把握しよう

1　経済と企業との関係

　第Ⅱ部で、経営戦略に関わって「経営環境」を説明しました。経済の状態は「経営環境」の中でも重要な要素になります。一方、経済の状態を規定する要因のうちかなりの部分は企業の活動の結果として起こります。経済と企業は相互作用があるわけです。この相互作用の積み重ねが「歴史」になっていきます。
　経営学の視点から歴史を学ぶ意味がここにあります。第一に、企業の活動が経済にどのような影響を及ぼすか、逆に、ある経済状態に対して企業がどのように対応することができるのか、ということについては、歴史の中にすでに一定の答えや示唆がある場合が多いといえます。第二に、現在の経済の状態がなぜ形成されてきたのかを考えることによって、今後を見通すことがある程度可能になるからです。

2　経済成長と景気循環

　ところで、「景気がいい」とか「悪い」とかよくいいますね。景気がよくなることは企業にとってもよい条件のようですが、「景気が悪くても成長できる企業がすばらしい」などといわれることもあるでしょう。そもそも景気とはなんなのでしょうか。これについて知るためには、「経済成長とは何か」をまず押さえておく必要があります。

（1）経済成長

　経済成長とは，一国の経済活動の規模が拡大することです。経済成長率は通常 GDP から物価上昇率を差し引いた実質成長率で示されます。GDP とは国内総生産（Gross Domestic Product）の略で，国内で活動する経済主体（企業や個人，国籍を問わない）が生産し，市場で取引されたモノやサービスの総額から，企業間で取引された原材料など中間生産物の額を引いたものです。

　では経済成長の原動力はなんでしょうか。一つには技術革新です。新しい技術の開発は生産能力を向上させ，また機械や設備への投資を活性化します。他方，生産された財やサービスは，最終的に一人ひとりの国民によって消費されますから，国民の所得が伸びれば経済成長につながります。

（2）景気循環

　経済成長の過程では，周期的な**景気循環**が起こります。一つの循環周期は次のようなプロセスになります。

- **好況**：消費の拡大や技術革新が進み，投資が盛んな時期。景気が「過熱」しやすく，次の後退（恐慌）の原因になる過剰投資が進みやすい。
- **後退**（恐慌）：生産能力が拡大するのに有効需要の拡大が立ち後れ，過剰生産（あるいは過少消費）が起こる。作っても売れないので企業の収益が悪化する。
- **不況**：企業が悪化した収益に耐えきれず倒産する，あるいはそれを防ぐために労働者を解雇するといったことにより失業者が増えるなどから，企業の投資も一般の消費も減少する。
- **回復**：倒産や企業規模の縮小で生産能力が縮小したのちに，より高効率な新技術が導入されて設備投資が回復してくる。不況期には金利が下がるので，借金がしやすくなることも投資を後押しする。現実的にはなかなか自動的にこのプロセスに入ることが少なく，金利政策や公共投資などによって政府が景気を後押しすることが少なくない。

(3) 景気循環の実際

　こうした景気循環の仕組みを理解していないと，好況の時期に雰囲気に煽られて，金利が高いのにたくさん借金をして投資を拡大し，あとで景気の急激な後退の中で投資を回収できず倒産という事態に陥るなどの失敗をすることになります。大企業の経営者がそんなバカなことを，と思うかもしれませんが，1990年代初めまで続いた「バブル景気」が崩壊した時には，そうした企業が続出しました。

　「バブル景気」の時代には，「もはや景気循環のサイクルは変わった」といわれ，いつまでも好況が持続するかのような主張がありました。また，同様の主張は1990年代末のアメリカで起こったITバブルの際にもありました。しかし，いずれもその後の景気後退によって，誤りであったことが明らかになりました。

　そもそも，この景気循環のモデルのように，モデルとは現実を抽象的に整理したものであり，モデルどおりの現象が起こることはむしろまれです。景気循環のプロセスについても，企業のあり方や政府の政策の変化，さらには戦争などの外的要因によって変動が生じます。したがって，モデルを機械的に適用できないからといってモデルが有効でないとすぐに主張するのも，逆に現実が「間違っている」と主張するのも，正しくないといえます。

　景気循環のプロセスについても，次のようなことがあります。1920年代のアメリカにおける大恐慌のあと，政府が積極的に公共投資を展開する政策（ニュー・ディール政策）によって景気回復を早めることができたと主張され，政府の介入によって景気循環をコントロールできると考えられるようになりました。しかし，第二次世界大戦後はそうした政策がたしかに経済成長を実現しましたが，同時に絶え間ない物価上昇（インフレーション）が続き，それが第一次石油危機の後の景気後退の局面でも持続する（スタグフレーション）事態となりました。このことで，政府が公共投資などを行って景気循環をコントロールできるという考え方には否定的な意見が強まりました。現在では，アメリカの大恐慌後の景気回復は，最終的には第二次世界大戦によるもので，政府の公共投資の効果は限定的であったという見方が強くなっています。

こうしたことから政府の経済への介入を最小限に抑え，市場に任せたほうが国民経済の運営はうまくいくとする**新自由主義**の考え方が特に1980年代以降，世界的に強まりました。バブル景気崩壊後の1990年代には，日本経済が長期の不況の中にあるにもかかわらず，政府の経済への介入を減らすとして新自由主義の考え方に基づく規制緩和が推進されました。しかし，その結果，雇用の不安定化が強まったことなどから，国民の中には将来への不安から消費を手控える傾向が強まり，景気の回復が遅れたという見方もあります。つまり，政府の活動と景気の関わりも単純ではないということになります。

③ 円高と円安

〈**Topics**〉にもありましたが，**円高・円安**という為替相場の動きが企業にも大きく影響しています。かつては，例えばアメリカと日本の通貨との交換比率は1ドル＝360円という固定相場でしたが，今日では**変動相場制**に移行しています。変動相場制というのは，例えば円を買おうとする人や企業が多ければ円が高くなり（1ドル＝200円が2ドル＝200円になるようなパターン），逆なら円が安くなるといったような通貨と通貨との関係が，外国為替市場における取引によって常に動いていく仕組みです。国際的な通貨の移動は，原理的には貿易など外貨での支払いが必要な人や企業同士が通貨を交換することで起こるわけですが，実際には相場が動いていく中で，安い時にある通貨を買って，高くなったら売ることで利ざやを稼ごうとすることがむしろ一般的になっているので，経済的な必要とは無関係に為替相場が大きく動くことも少なくありません。そうすると，企業は時に為替相場の変動によって大きな影響をうけます。例えば，1ドル＝200円が100円になると，いままでアメリカに1個1ドルで輸出していた商品は，2ドル（＝200円）で売らないと，日本企業にとってはそれまでと同じ売り上げになりません。ところが，当然アメリカの買い手にとっては価格が倍になるわけで，その商品は売れなくなってしまいます。このように円高だと輸出産業は打撃を受けますが，輸入する場合には逆に代金が安くてすむわ

第Ⅲ部 現代の企業と経営

けで,影響は複雑です。

4 経済学と企業経営

　ところで,経済のさまざまな動きを解明するために経済学という学問があります。マクロ経済学では経済全体を理解するために,さまざまな経済主体の行動が経済全体にどう影響するのかを解明しますが,ミクロ経済学では各経済主体それぞれがなぜ,どのように行動するのかを解明します。経営学に直接関係するのはミクロ経済学で,なぜ企業は存在するのか,企業は経済合理性だけで行動しているのか,などのテーマが取り上げられています。ここでは詳しくはふれませんが,企業と経営を考える上でも,こうした経済学を学ぶことは必要です。

　この後の章では世界にも目を向けながら,今後の日本企業の課題ともなってくる社会・経済の状況をいくつかの〈**Topics**〉で取り上げながらみていきましょう。

論点 なぜ人々は「バブル経済」に踊らされたのでしょうか？

▶ヒント！

　バブル経済に関する本は膨大にありますが,金融の視点から理論的に切り込んだものとして,宮崎義一『複合不況――ポスト・バブルの処方箋を求めて』(中公新書,1992年)がまだバブル崩壊の渦中にあった時代に注目されました。

　当事者のインタビューなどによってまとめられたルポルタージュとして,日本経済新聞社編『検証バブル――犯意なき過ち』(日本経済新聞社,2000年)などがあります。

　もう少し長い歴史的な視点から日本経済と企業活動の関係を考える上では,例えば,松原隆一郎『消費資本主義のゆくえ――コンビニから見た日本経済』(ちくま新書,2000年)や小林英夫『戦後アジアと日本企業』(岩波新書,2001年)などが,それぞれユニークな視点をもって書かれており,多面的な見方を知ることができます。

第12章 企業の社会的責任と企業倫理

Keywords ▶ 企業の社会的責任，企業倫理，企業行動憲章，コンプライアンス，過労死，過労自殺，メンタルヘルス対策

Topics　23歳過労死：自殺の男性社員を労災認定

　2011年10月5日に，飲料大手子会社の男性社員（当時23歳）が2010年4月に自殺し，労働基準監督署が過労によるとして労災認定していたことがわかりました。男性は清涼飲料の自動販売機の管理で長時間労働を強いられ，亡くなる5分前，姉（26歳）の携帯電話にメールで「仕事がつらい。父さん母さんをよろしく」などと書き送っていたそうです。

　会見した遺族や弁護士によりますと，男性は高校を出て2005年4月に入社し，10年3月に品川区の営業所に移って担当エリアが拡大したそうです。自販機約80台を1人で担当し，業務用車両で巡回して商品の補充や交換，売上金の回収などを行っていました。そして，2010年4月13日，夕，勤務中に会社の屋上から飛び降りました。

　労働基準監督署は，2009年10月～10年3月の半年間で男性の毎月の時間外労働は平均81時間，最長で92時間だったと認定しました。亡くなった4月は季節の変わり目で商品を入れ替える繁忙期にあたり，時間外労働は13日間で63時間と，月120時間を超えるペースだったそうです。1日15時間労働，3時間睡眠が続き，男性は精神疾患にかかったと認定されました。

　同居していた母（62歳）は，「まじめに働く子で，毎日おにぎりを持たせて送り出した。運転中に食べていたようだが，残すこともあり，『食べる余裕も

ない』といっていた。」と涙を浮かべて振り返ります。父（64歳）も，葬儀の時，参列した社の幹部から「他の社員も同じくらい働き，特別につらい仕事はさせていない。」などといわれ，労災認定後も謝罪はないということです。

男性側の代理人の弁護士らは「同社は男性の職種を『セールスマン』と呼び，残業代をほとんど払わず，売り上げに応じた販売コミッション（手数料）を与えている。男性の月給は手取り20万円を切ることもあった。若者を使い捨てにする異様な勤務，給与実態だ。」と批判しました。これに対して，同社総務部は「現時点でコメントできない。」としています（『毎日新聞』2011年10月31日付）。

1 企業と社会との関係

今日の企業は，雇用している従業員のみならず，顧客，取引先，地域住民など社会に対して大きな影響力を有しています。これに対して，企業は，社会から社会的責任を有しているといわれるようになりました。この**企業の社会的責任**は，Corporate Social Responsibility と英語では表記され，その頭文字をとって，**CSR** と通常呼ばれます。企業の社会的責任は多様ですが，経済的責任，倫理的責任（企業倫理），法的責任，社会貢献責任があるとされています。

このような企業の社会的責任のあり方について，(社)日本経済団体連合会[*]では，次のような**企業行動憲章**という形で出し，連合会加盟各社の企業倫理を向上させようと取り組んでいます。この企業倫理とは，企業内の従業員および企業組織が，法律を守ることはもちろん，社会的な公正さと適切な行動をとる規範および組織内活動と定義されます。そして，企業が，法律を守ることは，**コンプライアンス**（compliance）と英語で呼ばれる場合もあります。コンプライアンスは，企業が，単に法律を守ることだけでなく，法律を守るための仕組みを企業内に整備したり，そのためのコンプライアンス部門を整備したり，コンプライアンス・オフィサーをおくことや社会規範や倫理を遵守する意味でも使用されます。

[*] (社)経済団体連合会は，2002年5月に経団連と日経連が統合して発足した総合

第12章　企業の社会的責任と企業倫理

経済団体です。会員数は1603社・団体等にのぼります。わが国の代表的な企業1281社，製造業やサービス業等の主要な業種別全国団体127団体，地方別経済団体47団体などから構成されています（いずれも2011年6月15日現在）。

企業行動憲章

2010年9月14日
（社）日本経済団体連合会

【序　文】

　日本経団連は，かねてより，民主導・自律型の活力ある豊かな経済社会の構築に全力をあげて取り組んできた。そのような社会を実現するためには，企業や個人が高い倫理観をもつとともに，法令遵守を超えた自らの社会的責任を認識し，さまざまな課題の解決に積極的に取り組んでいくことが必要となる。そこで，企業の自主的な取り組みを着実かつ積極的に促すべく，1991年の「企業行動憲章」の制定や，1996年の「実行の手引き」の作成，さらには，経済社会の変化を踏まえて，数次にわたる憲章ならびに実行の手引きの見直しを行ってきた。

　近年，ISO 26000（社会的責任に関する国際規格）に代表されるように，持続可能な社会の発展に向けて，あらゆる組織が自らの社会的責任（SR：Social Responsibility）を認識し，その責任を果たすべきであるとの考え方が国際的に広まっている。とりわけ企業は，所得や雇用の創出など，経済社会の発展になくてはならない存在であるとともに，社会や環境に与える影響が大きいことを認識し，「企業の社会的責任（CSR：Corporate Social Responsibility）」を率先して果たす必要がある。

　具体的には，企業は，これまで以上に消費者の安全確保や環境に配慮した活動に取り組むなど，株主・投資家，消費者，取引先，従業員，地域社会をはじめとする企業を取り巻く幅広いステークホルダーとの対話を通じて，その期待に応え，信頼を得るよう努めるべきである。また，企業グループとしての取り組みのみならず，サプライチェーン全体に社会的責任を踏まえた行動を促すことが必要である。さらには，人権問題や貧困問題への関心の高まりを受けて，グローバルな視野をもってこれらの課題に対応することが重要である。

　そこで，今般，「企業の社会的責任」を取り巻く最近の状況変化を踏まえ，会員企業の自主的取り組みをさらに推進するため，企業行動憲章を改定した。会員企業は，倫理的側面に十分配慮しつつ，優れた商品・サービスを創出することで，引き続き社会の発展に貢献する。また，企業と社会の発展が密接に関係していることを再認識したうえで，経済，環境，社会の側面を総合的に捉えて事業活動を展開し，持続可能な社会の創造に資する。そのため，会員企業は，次に定める企業行動憲章の精神を尊重し，自主的に実践していくことを申し合わせる。

企業行動憲章
――社会の信頼と共感を得るために――

(社)日本経済団体連合会

1991年9月14日「経団連企業行動憲章」制定
1996年12月17日同憲章改定
2002年10月15日「企業行動憲章」へ改定
2004年5月18日同憲章改定
2010年9月14日同憲章改定

　企業は，公正な競争を通じて付加価値を創出し，雇用を生み出すなど経済社会の発展を担うとともに，広く社会にとって有用な存在でなければならない。そのため企業は，次の10原則に基づき，国の内外において，人権を尊重し，関係法令，国際ルールおよびその精神を遵守しつつ，持続可能な社会の創造に向けて，高い倫理観をもって社会的責任を果たしていく。

1. 社会的に有用で安全な商品・サービスを開発，提供し，消費者・顧客の満足と信頼を獲得する。
2. 公正，透明，自由な競争ならびに適正な取引を行う。また，政治，行政との健全かつ正常な関係を保つ。
3. 株主はもとより，広く社会とのコミュニケーションを行い，企業情報を積極的かつ公正に開示する。また，個人情報・顧客情報をはじめとする各種情報の保護・管理を徹底する。
4. 従業員の多様性，人格，個性を尊重するとともに，安全で働きやすい環境を確保し，ゆとりと豊かさを実現する。
5. 環境問題への取り組みは人類共通の課題であり，企業の存在と活動に必須の要件として，主体的に行動する。
6. 「良き企業市民」として，積極的に社会貢献活動を行う。
7. 市民社会の秩序や安全に脅威を与える反社会的勢力および団体とは断固として対決し，関係遮断を徹底する。
8. 事業活動のグローバル化に対応し，各国・地域の法律の遵守，人権を含む各種の国際規範の尊重はもとより，文化や慣習，ステークホルダーの関心に配慮した経営を行い，当該国・地域の経済社会の発展に貢献する。
9. 経営トップは，本憲章の精神の実現が自らの役割であることを認識し，率先垂範の上，社内ならびにグループ企業にその徹底を図るとともに，取引先にも促す。また，社内外の声を常時把握し，実効ある社内体制を確立する。
10. 本憲章に反するような事態が発生したときには，経営トップ自らが問題解決にあたる姿勢を内外に明らかにし，原因究明，再発防止に努める。また，社会への迅速かつ的確な情報の公開と説明責任を遂行し，権限と責任を明確にした上，自らを含めて厳正な処分を行う。

以　上

(社)日本経済団体連合会が掲げる「企業行動憲章」が，日本経済団体連合会傘下の日本の大企業にどれだけ守られているのかは疑問です。それは，日本経済団体連合会傘下の日本の大企業から次々に不祥事が明らかになるからです。特に，本企業行動憲章で，「本憲章の精神の実現が自らの役割であることを認識し，率先垂範の上，社内ならびにグループ企業にその徹底を図る」とされている経営トップ自体が不祥事を起こし，それを隠すことに努めたりしているのは大きな問題です。それだけに，ステークホルダーたる市民，株主，労働組合，従業員などが，常に，経営トップをはじめとした「企業の社会的責任」を担う人物の行動を監視・監督することも大切であるといえます。

２　CSR 経営と労働

1960年代から70年代の CSR 問題は，公害問題を典型として，地球環境を守り，国民が企業から生活を防衛するために，企業の社会的責任を追及することでした。1980年代から1990年代にかけては，ソ連・東欧の社会主義国の崩壊や中国の市場開放などによってグローバル化が進行し，市場原理主義が進展するようになりました。結果，中国や東欧などのより安価な労働力を用いた生産が世界を席巻し，日本をはじめ先進資本主義国の企業の経営者は，より効率的で安価に労働力を活用することを追求し，次に述べるように，さまざまな労働問題を引き起こすこととなっています。

このような労働問題の拡大に対応して，1980年代から21世紀にかけての企業の CSR 問題は，国民が文化的で最低限度の生活を営むことができる労働条件を企業が社会的責任として提供することに一つの焦点が集まるようになりました。

特に，ヨーロッパでは，日本が今だ環境問題を CSR の中心においているのに対して，労働を含む社会問題を CSR の問題の中心において議論を展開しています。ヨーロッパの CSR の方向性を指し示すものは，マルチステークホルダー報告書であり，同報告書において，「CSR とは，社会面および環境面の考

慮を自主的に業務に統合することである。それは，法的要請や契約上の義務を上回るものである。」とし，CSR を法律を超えた企業の取り組むべき課題であるとしています*。

*　足立辰雄・井上千一編著『CSR 経営の理論と実際』中央経済社，2009年，参照。

③　企業の雇用におけるさまざまな問題

　企業経営において，経営者側からみれば，労働力を効率よく活用することが課題となります。労働者を多く雇えば，それだけ人件費がかかり，また雇う人数が少なければ，企業の運営そのものにも影響が出てきます。日本企業の多くは，バブル以降に多様な雇用形態を採用し，正社員を，基幹業務を担う者にのみ絞り込んでいっています。一方でこのように人を少なくした企業では過剰労働が問題となってもいます。

（1）多様な雇用形態と正規雇用社員の労働時間問題

　多様な雇用形態とは，パート，アルバイト，契約社員など企業が固定費として，長期にわたって雇用を維持していく必要が必ずしもない，さまざまな雇用形態のことを含めた表現となります。前の章で述べてきましたように，この非正規雇用数が，日本では，バブル経済崩壊以降，著しく増大してきました。

　2006（平成18）年から2010（平成22）年の日本の雇用形態別の総数は表12-1のようになります。正規雇用者率は，2006年の67％から2010年には65.7％に減少しています。これに反して，非正規雇用労働者は，2006年の33％から2010年には，34.3％まで増大しています。特に，短期で，雇用契約を解除しやすいパート，アルバイトの数が，2006年から2010年に増大しています。

　問題は，前述したように，2006年から2010年にかけても，正規の従業員は減少し続けていますが，仕事の量は減っているわけではありません。しかし，その労働時間は，おおやけになっている統計では増えておらず，むしろ図12-1にみられるように減少傾向にあります。労働時間に関わる統計としては表に出

第12章 企業の社会的責任と企業倫理

表12-1 雇用形態別労働者数の推移

(単位:万人)

雇用形態	雇用者(男女計)	うち役員を除く雇用者	正規の職員・従業員	非正規の職員・従業員	パート・アルバイト	パート	アルバイト	労働者派遣事業所の派遣社員	契約社員・嘱託	その他	正規の職員・従業員(%)	非正規の職員・従業員(%)
2006年平均	5,481	5,088	3,411	1,677	1,125	792	333	128	283	141	67.0	33.0
2007年平均	5,561	5,174	3,441	1,732	1,164	822	342	133	298	137	66.5	33.5
2008年平均	5,539	5,159	3,399	1,760	1,152	821	331	140	320	148	65.9	34.1
2009年平均	5,478	5,102	3,380	1,721	1,153	814	339	108	321	139	66.3	33.7
2010年平均	5,479	5,111	3,355	1,755	1,192	848	345	96	330	137	65.7	34.3

(出所) 総務省「労働力調査」平成22年 (http://www.stat.go.jp/data/roudou/sokuhou/nen/dt/index.htm)。

ない形で,裁量労働制*やサービス残業が増える傾向にあります。残業時間の法律上の上限は,1998年に大臣によって告示された内容では,年間360時間以内,1カ月45時間以内とされています。具体的には企業ごとに労働者と協定**を結び,その上限を決めることになっていますが,この協定がない企業も多くあります。この協定を一人ひとりの労働者と結ぶことができればよいのですが,労働者の数が多ければ難しくなります。そこで,企業と労働者の代表とで結ぶことになっており,労働組合があれば代表者を決定することができるのですが,組合がないために労働者代表を選ぶことができず,協定も結べない,という企業もあります。このような中で,人件費予算の関係や上司・同僚からのプレッシャーを受け,また自分の評価と関わることもあり,残業をつけない人もいます。労働はしているのですが,正式の労働時間とみなされず,無償で労働を行う時間,すなわちサービス残業といわれる状態になります。

* 裁量労働制とは,業務内容に対して,給与を支払う形の雇用形態です。通常の労

第Ⅲ部　現代の企業と経営

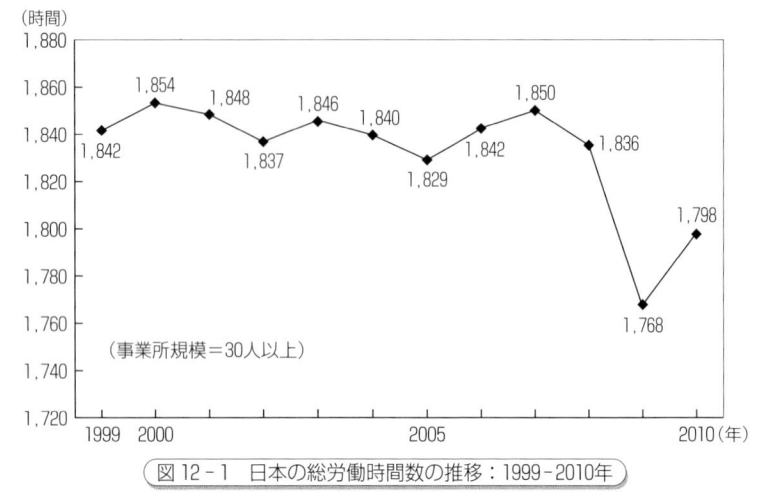

図12-1　日本の総労働時間数の推移：1999-2010年

（出所）労働安全情報センターホームページより：総務省「毎月勤労統計調査」（30人以上，暦年統計）のデータより集計（http://laborstandard.blog82.fc2.com/blog-entry-214.html）。

表12-2　日本の実労働時間および出勤日数

年	総実労働時間数	所定内	所定外	出勤日数
1999	1,842	1,709	133	235
2000	1,854	1,714	140	236
2001	1,848	1,714	134	236
2002	1,837	1,700	137	235
2003	1,846	1,700	145	235
2004	1,840	1,691	149	235
2005	1,829	1,680	149	233
2006	1,842	1,687	155	233
2007	1,850	1,690	161	233
2008	1,836	1,681	155	232
2009	1,769	1,637	131	226
2010	1,798	1,654	144	228

（出所）図12-1に同じ。

働形態だと，労働時間に対して対価（報酬・給与）が支払われるため，残業や休日出勤といった手当をつけることができますが，裁量労働制では，労働内容に対して対価を支払うため，時間のしばりはなくなります。

＊＊　俗に三六協定といわれます。これは，労働者の権利を守る労働基準法の第36条

によって定められたものからきています。

（2）正社員の過労死

また，労働が過剰になると，それだけ働く人に負担がかかってきます。その結果として，精神的な影響（ストレスなど）や肉体的影響（脳疾患，心臓疾患）が生じます。これらは，過労状態で働くことによって起こったり，持病といわれるものが労働の厳しさによって悪化した状態になるので，一般的には**過労死**と呼ばれます。

厚生労働省では，過労死を「過度な労働負担が誘因となって，高血圧や動脈硬化などの基礎疾患が悪化し，脳血管疾患や虚血性心疾患，急性心不全などを発症し，永久的労働不能又は死に至った状態をいう」と定義しています。

2010（平成22）年6月14日に厚生労働省によって公表されたわが国の「過労死」など，脳・心臓疾患に関する事案の労災補償状況は，労災補償の「請求件数」は802件で，前年度比35件の増となり，4年ぶりに増加に転じています。また，労災補償の「支給決定件数」は285件となっており，年齢別では，請求件数，支給決定件数ともに「50～59歳」（279件，104件），「40～49歳」（218件，96件），「60歳以上」（203件，42件）の順に多くなっています。

この請求・認定件数は，あくまでも労働災害[*]としての請求に対して認定されたものとなります。これらは，国の定めた認定基準を満たしていなければ認定されないため，氷山の一角にすぎない部分もあります。また，認定基準を満たしていてもそれが証明されなければならないため，認定が困難な場合もあります。その認定基準とは，次のものとなります。

　＊　労働を行ったことが原因となる病気や怪我のことを指します。

第Ⅲ部　現代の企業と経営

【いわゆる過労死の労災認定基準】

> ①発症直前から前日までのあいだにおいて，発生状態を時間的および場所的に明確にし得る異常な出来事に遭遇したこと（異常な出来事）。
> ②発症に近接した時期において，特に過重な業務に就労したこと（短期間の過重業務）。
> ③発症前の長期間にわたって，著しい疲労の蓄積をもたらす特に過重な業務に就労したこと（長期間の過重業務）。

（注）これらのそれぞれに，おおよその期間，目安などがつけられています。詳しくは，厚生労働省が2001（平成13）年12月12日に出した「脳・心臓疾患の認定基準の改正について」を読んでみてください。

（3）正社員の労働による精神障害，そして，過労自殺の状況

また，過剰な労働や，過度で強度な労働によるストレスは，うつ病などの精神障害をもたらし，それが進行すると自殺願望が強まり，**過労自殺**に至る事例が，先の〈**Topics**〉のように，今，とても増えています。

厚生労働省は，過労自殺を「客観的に当該精神障害を発病させるおそれのある業務による強い心理的負荷により精神障害を発症しての自殺」（心理的負荷による精神障害等に係る業務上外の判断指針：平成11年9月14日 基発第544号 労働省より）と定義されています。

2010（平成22）年6月14日に厚生労働省によって公表されたわが国の「精神障害」などに関する事案の労災補償状況についてみると，労災補償の「請求件数」は1181件（同45件の増）となり，2年連続で過去最高となっています。また，労災補償の「支給決定件数」は308件（同74件の増）で，これも，過去最高です。

業種別では，請求件数，支給決定件数ともに，「製造業」（207件，50件），「卸売・小売業」（198件，46件），「医療，福祉」（170件，41件）の順に多くなっています。職種別では，請求件数は「事務従事者」（329件），「専門的・技術的職業従事者」（273件），「販売従事者」（148件）の順で多く，支給決定件数は「専門的・技術的職業従事者」（73件），「事務従事者」（61件），「販売従事者」（44件）の順に多くなっています。年齢別では，請求件数，支給決定件数ともに「30〜39歳」（390件，88件），「40〜49歳」（326件，76件），「20〜29歳」（225件，74

件) の順に多くなっています。

(4) 過労死, 精神障害, 過労自殺と企業の社会的責任

過労死・過労自殺等に該当する事故が発生すると, 遺族と労働基準監督署との間の労災認定だけでは済まず, 当該企業が民事損害賠償の訴訟になることが避けられない状況になってきています。

> 2000年3月の過労自殺訴訟の最高裁判決では,「使用者(経営者)は業務の遂行に伴う疲労や心理的負担が過度に蓄積して, 労働者の心身の健康を損なう事がないよう注意する義務を負う」との判断を示し, 社員の長時間労働と自殺との因果関係を認める判決が下されています。

訴訟となった場合の判決は, 健康配慮義務違反, 安全配慮義務違反などを理由として, 事業主(経営者)に損害賠償責任を課する判決となる傾向にあります。この時の賠償額は非常に高額となってきています。過労死・過労自殺等が発生すると, 金額面だけでなく, 大切な従業員の喪失, 従業員のモラルの低下, 社会的信用なども失ってしまいます*。

* 川人 博『過労自殺と企業の責任』旬報社, 2006年, 参照。

過労死・過労自殺等を起こさないためには, まず, 通達や法令を遵守すると同時に, メンタルヘルス対策をとることが大切です。メンタルヘルス対策とは, 精神の衛生や心の健康を維持するための人事管理政策の一つです。厚生労働省は, 第11次労働災害防止計画 (2008年度) の中において「メンタルヘルスケアに取り組んでいる事業場の割合を50%以上にする」と明記していますが, 最近では, 20歳台から30歳台の従業員の「心の病」の発症が増えるなど, 問題が社会問題化し, 広く注目を集めるようになっています。

論点 どのようにすれば, 過度なストレスや長時間労働による従業員のうつ病発症, そして, 過労自殺を防ぐことができるのでしょうか?

▶ヒント!
過度なストレスや長時間労働による従業員のうつ病発症, そして, 過労自殺

への対策は，対症療法的に，心療内科に通院して薬物治療を受けてもらったり，一時的に休職してもらっても，解決する問題ではありません。問題は，企業内の職場の雰囲気や環境，対人関係など，職場の環境に関係している場合が少なくありません。また，うつ病などの「心の病」を「さぼり病」とするような職場の従業員・管理者・経営者の無理解も，大きな問題です。企業は，企業の社会的責任として，職場環境を改善し，そして，「心の病」に関する従業員教育を徹底的に行う必要があるかもしれません。

◉推薦図書

- 川人　博『過労死・過労自殺大国ニッポン――人間の尊厳を求めて』編書房，2010年。

   働く人々を過労死・過労自殺に追い込む現代日本の労働環境とは何か，痛苦の犠牲から私たちは何を学ぶべきかを，国と企業に対策を長年求め続けてきた人権弁護士の川人氏が語る，過労死・過労自殺の実情です。

- 細川貂々『ツレがうつになりまして。』幻冬舎，2009年。

   スーパーサラリーマンだったツレ（夫）がある日，突然「死にたい」とつぶやいた。会社の激務とストレスでうつ病になってしまったのです。明るくがんばり屋だったツレが，後ろ向きのがんばれない人間になった悲しみ。もう元気だったツレは戻ってこないの？　病気と闘う夫を愛とユーモアで支える日々を描き，大ベストセラーとなった感動の純愛コミックエッセイです。NHKドラマと映画にもなりました。

第13章 新しい企業と経営のあり方

Keywords ▶ 社会的企業，NPO，社会的責任投資，男女雇用機会均等法の改正案，ファミリー・フレンドリー，ダイバーシティ・マネジメント，ワーク・ライフ・バランス，ニュー・パブリック・マネジメント（NPM）

Topics 1　社会的企業「株式会社ミライロ」

　株式会社ミライロは，当時，立命館大学経営学部生であった垣内俊哉氏が，代表取締役社長として，2010年6月に設立した社会的企業です。

　ミライロの事業内容は，「1. バリアフリーマップの企画，制作及び販売」，「2. 建築物及び室内空間のユニバーサルデザイン化に伴う企画」，「3. バリアフリーやユニバーサルデザインに関する各種情報の収集及び提供」，「4. 障害児及び長期入院児童を対象とする家庭教師・講師の派遣」などです。

　ミライロが目指すことは，バリアバリューな社会の創造です。ミライロは，障がいをマイナスやハンデと捉えるのではなく，障がいをプラスや価値に変えられる『バリアバリュー』な社会，より多くの人が自由に，いきいきと生活できる社会を創造することを企業理念としています。また，ミライロという会社名は「未来の色」と「未来の路」の略に由来しており，誰もが自由に自らの色（個性）を描ける未来，誰もが自由にいきいきと歩める未来を創造したい……，そうした思いから多くの仲間や支援者が集まって，「株式会社ミライロ」が誕生したといえます。

　ミライロの事業活動は，全国的に注目され，バリアフリーマップの制作も，教育機関からレジャー施設や商業施設への広がりをみせ，また，多くの賞も受

賞し，社会的にも大きな評価を得るようになっています。

1 社会的企業

　企業の活動は，どんなに社会に配慮したとしても，やはり一定の利潤を必要としますので，社会に対して奉仕のみを目的とする活動をすることは難しいものとなります。また一方で，行政が弱者に配慮する役割を果たすべきなのですが，多数に対する福祉と予算の前提があるため，細かな配慮が難しくなっています。そこで，近年さまざまな分野で活躍をしているのが非政府組織（NGO：Non-Governmental Organization）です。このNGOは，非営利組織（NPO：Non-Profit Organization）の一部です。NPOという言葉は，PO（Profit Organization）と対比して使われることが多く，営利を伴わないものすべてを含みますので，病院や学校，政府，財団法人，宗教法人，美術館など多様なものを含んできます。一方，NGOでは，NPOの中でも特に政府とは関係のないもの，という意味となります。今，世界では，このようなNGO，NPOや株式会社を含めて，社会に配慮し，コミュニティに貢献することを目的とする企業を，社会的企業と呼ぶようになっています。

　社会的企業の定義は，各機関によって異なっていますが，日本の内閣府の定義では下記のように定義されています。

---
①社会的目的をもった企業。株主，オーナーのために利益の最大化を追求するのではなく，コミュニティや活動に利益を再投資する。
②深く根ざした社会的・環境的課題に革新的な方法で取り組む。
③規模や形態は様々であるが，経済的成功と社会・環境課題に対して責任をもつ。
④革新的な考えをもち，公共サービスや政府の手法の改善を支援する。また政府のサービスが行き届かない場所でも活動する。
⑤企業倫理，企業の社会的責任の水準をあげる。

（出所）　内閣府ホームページ（http://www8.cao.go.jp/youth/kenkyu/ukyouth/index.html）より。

2 NPO，非営利組織

　NPOとは，ドラッカーによれば，「人と社会の変革を目的とし，使命を果たすために適切な行動をとる」（P・F・ドラッカー／上田惇生・田代正美訳『非営利組織の経営』ダイヤモンド社，1991年，5頁より要約）組織ということです。POとは異なり，最終的に収益を考えるのではなく，使命の遂行を最優先として考えるところに特徴があります。例えば，NPOの中には，フェアトレードという活動，すなわち発展途上国の産品を適切な価格で購入し，先進国で適切な価格で販売する活動を通して，途上国の生活の発展を使命として目指している組織もあります。また，環境問題に対して積極的に行動し，世界中にその行動をアピールする Green Peace のような団体もあります。ほかに，まちづくりも従来の自治体や個人，企業に任せる方法から，住民自らが積極的にNPOをつくり運営を行うような形も増えてきつつあります。このような中で，ソーシャル・アントレプレナー（社会起業家）に注目が集まっています。ベンチャーを経営するアントレプレナーのように，社会変革を目的としながらも，企業としての形態を取らずに，変革を起こそうとしています。

　また，日本では，阪神淡路大震災（1995年1月17日）を契機として，NPOが広く普及し，1998年に，特定非営利活動促進法によって，NPOは法人格を与えられるようになりました。その活動領域は，当初，福祉，教育，環境，国際協力などの12分野に特定されていましたが，2002年の法改正で，科学技術振興分野や経済活動分野など5分野に拡大しました。2011年3月11日に起きた東日本大震災でも，日本の多くのNPOが，いち早く被災地に救援物資を届けるなど大きな活躍をみせました。

　このようなNPOの活動は，収益を目的としないとはしつつも，収入がなければ使命を果たすことはできません。そこで，企業がさまざまなNPOに社会的投資としてお金を出し，NPOの活動を助けています。企業はその投資の際には，どんな分野に投資をするのかを明らかにし，応募してきた中からその実

施内容をみて選考をします。そして投資に対する成果の報告書も求めますが，投資を行う企業の営利に関わる目的は，判断基準に入りません。

このような企業活動に対して，投資家が積極的に株式投資の際の判断をしていく活動も広まってきています。特に公益企業などでは，このような判断基準を重視します。それが，**社会的責任投資**（SRI：Socially Responsible Investment）と呼ばれるものです。SRI では，多様な主体に対して，どのように企業が実際の取り組みを行っているかをアンケートなどから明らかにし，その評価の高い企業に対して積極的な株式投資を行っています。

3 経営と女性，そして，ワーク・ライフ・バランス

もう一つの企業の新しい動向は，日本の企業による女性の積極的活動や，日本の企業のこれまでの長時間労働を見直し，家庭生活と労働生活のバランスを見直そうするワーク・ライフ・バランスの動きです。**ワーク・ライフ・バランス**とは，「仕事と生活の調和」を意味し，アメリカで一般化した仕事と家庭の両立に配慮する「ファミリー・フレンドリー」概念を一層発展させ，より男女・既婚・未婚の別なく家庭生活と労働生活のバランスをとる施策を推進する概念です。具体的な支援策としては，育児・介護支援制度，キャリアプランなどの個人生活全般の支援制度を意味します。

（1）女性の労働問題

女性の労働に関する問題は，古くて新しい問題です。近代は男権社会の側面をもっていましたので，日本では，第二次世界大戦後まで，参政権などの国民の基本的な権利も女性は所有していませんでしたし，被選挙権もありませんでした。参政権に関しては，戦後すぐに男女同権となりましたが，特にホワイトカラー労働に関しては，男女同権がなかなか実現しませんでした。ホワイトカラー労働に関わる多くの女性は一般職として採用され，仕事の内容が男性の行っている内容と区別され，その仕事の権限や責任，そして出世などに差別が

行われてきました。

　このような中で，1972（昭和47）年に「勤労婦人福祉法」が制定され，働いている女性の女性固有の問題に関わる福祉の権利を法律で定めました。これはあくまでも働く女性の権利を認めたものであり，労働機会の均等までは入っていませんでしたが，育児休業を法律として認めるなど新しい分野まで踏み込んだものでした。

　その後，男女間の労働機会の均等を図るために，勤労婦人福祉法を発展させる形で，「男女雇用機会均等法（雇用の分野における男女の均等な機会及び待遇の確保等に関する法律）」が1985（昭和60）年に制定されるに至りました。この中では男女を平等に捉え，募集・採用から退職まで，労働機会の均等の取り扱いを定めたものでしたが，努力目標を求めるのみで，罰則規定がないなど問題はありました。しかし，この法律によって，女性が男性と同じ労働内容をもつ総合職としての採用を受ける機会を得ることとなりました。この後も労働機会の均等に関してはさまざまな問題があったため，1999（平成11）年には改正均等法が施行されるに至りました。改正以降は，大幅に禁止項目を増やし，実効性のあるものになったと評価されています。この中では特に，女性であることを理由として，採用段階から男性と区別してはならないとされています。そこで，この法律の施行後，男女の別の募集は当然のこと，ウェイター・ウェイトレスなど特定の性別を表す表現を用いた求人広告は，一部の例外の職業を除いて一切できなくなりました。さらに2006（平成18）年6月には，**男女雇用機会均等法の改正案**が可決されました。この改正案では，性差による違いを差別の理由としてはならないことや，転勤の有無などで間接的に差別をしてはならないこと，セクハラに対する義務を企業が負うこと，そして労働問題に関する調停により実効性をもたせることが主な改正内容となっています。

　図13-1の女性全体の数値をみますと，「M字カーブ」を描いているのがわかると思います。

　「M字カーブ」とは，女性の就業率が，結婚などによって20代半ばから30代半ばにかけて，低くなる状況を指します。かつての日本では，もっと谷が深く

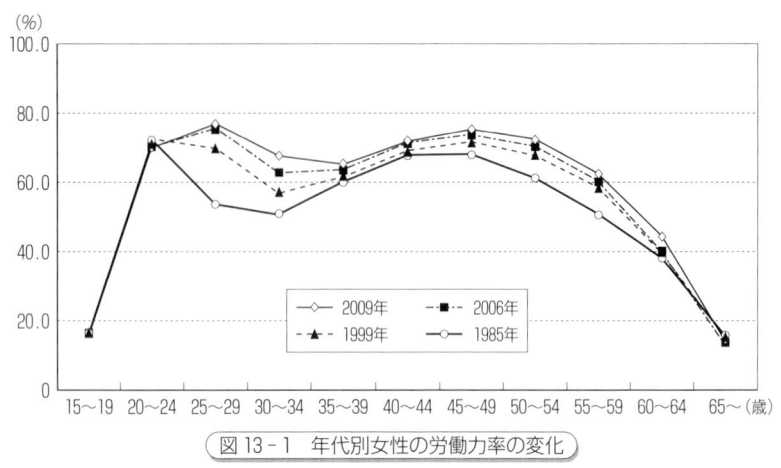

図 13-1 年代別女性の労働力率の変化

(資料出所) 総務省統計局「労働力調査」(2009年, 2006年, 1999年, 1985年)。

表 13-1 男女間の賃金格差

(単位：円, 時間)

		決まって支給する現金給与額月額（所定内給与額）	年間賞与その他（特別給与額）	年収（給与×12＋賞与など）	所定内実労働時間数	超過実労働時間数
正社員正職員	女性	261,800	244,800	699,100	3,840,700	164	7
	男性	366,000	337,400	1,124,200	5,516,200	165	13
非正社員非正職員	女性	181,000	172,100	142,800	2,314,800	161	6
	男性	242,700	222,000	243,800	3,156,200	166	9

(出所) 厚生労働省『平成21年版　働く女性の実情』。

なっていました。欧米でも昔はM字カーブがはっきりしていましたが，近年では20代半ばから30代半ばにかけての就業率は高くなっています。

　女性の労働の問題には，さまざまなことが入ってきますが，積極的に女性を活用しようと取り組んでいる企業も多くあります。特に小売業や高齢者福祉の分野では，女性の力が大きくなってきています。

　しかし，表13-1をみてもはっきりしているように，雇用形態，賃金の面で，男女間格差は存在しており，男性に比べて，女性は賃金が低い傾向にあります。

(2) 女性を積極的に活用する企業

しかし，多くの先進資本主義国のアメリカ，ヨーロッパ，日本などにおいては，「優秀な女性社員を積極的に採用し教育・訓練し定着化を図ることが企業の業績の向上につながる」ことが認識され，採用・教育した戦力となる女性社員の定着化を図るために，民間大企業を中心として積極的にファミリー・フレンドリー（Family-Friendly）施策等の「仕事と家庭の両立」の施策が図られてきています。

欧米先進諸国では，職場でのジェンダー・イクォリティが探求され，**ダイバーシティ・マネジメント，ワーク・ライフ・バランス**などの多様な施策が行われており，特にアメリカでは，90年代以降，ダイバーシティ・マネジメントが実践されています。ダイバーシティ・マネジメントとは，「①多様性を高め，尊重し，活用することが企業業績を高めることになる，②すべての従業員の貢献を最大限高めるための環境を作り出すために，既存の組織文化・システム・手法を変革する，③人種，性別，宗教，出身国，年齢，障害など法律で雇用差別が禁止されている要素だけでなく，個々人や集団間で違いを生み出すあらゆる要素を考慮する」ことです。ダイバーシティ・マネジメントはアメリカにおいてすでに経営戦略としても重視されています。

ただ，ファミリー・フレンドリー施策を展開できるのは，財務余力のある大企業に限定され，従来から存在する大企業と中小企業の従業員の雇用条件のみならず，育児・保育面でも二極化を図る形となります。この点では，アメリカのファミリー・フレンドリー政策の限界点が存在します。

現実的には，大企業へのファミリー・フレンドリー（もしくはワークライフ）等の施策の広がりとファミリー・フレンドリー等の施策の充実を促進する方策をとりながら，最終的には，国家としての育児・保育面での整備を図る必要性があります。その際，アメリカやドイツの「職業と家庭」監査や機会均等政策において優れた企業に「トータル・イクォリティ」の称号を与える運動などを真似た表彰制度や指標づくりも，一つの有効な手段となっています。

日本の厚生労働省は，ファミリー・フレンドリー施策推進のためにファミ

リー・フレンドリー企業部門の厚生労働大臣表彰を行っています。その評価基準は，(1)法を上回る基準の育児・介護休業制度を規定しており，かつ，実際に利用されていること，(2)仕事と家庭のバランスに配慮した柔軟な働き方ができる制度をもっており，かつ，実際に利用されていること，(3)仕事と家庭の両立を可能にするその他の制度を規定しており，かつ，実際に利用されていること，(4)仕事と家庭との両立がしやすい企業文化をもっていること，です。近年，ファミリー・フレンドリー企業部門の厚生労働大臣表彰を受けた企業は，下記のような企業です（表13-2）。

表13-2　ファミリー・フレンドリー企業部門　厚生労働大臣優良賞受賞企業

2008（平成20）年度ファミリー・フレンドリー企業部門厚生労働大臣優良賞
　　ボッシュ株式会社（埼玉県），シナノケンシ株式会社（長野県），参天製薬株式会社（大阪府）
2010（平成22）年度ファミリー・フレンドリー企業部門厚生労働大臣優良賞
　　サノフィ・アベンティス株式会社（東京都），三菱UFJ信託銀行株式会社（東京都）
2011（平成23）年度ファミリー・フレンドリー企業部門厚生労働大臣優良賞
　　第一生命保険株式会社（東京都），シャープ株式会社（大阪府）

(出所)　厚生労働省ホームページ。

論点 女性に優しい企業やワーク・ライフ・バランス（WLB）のとれた企業を実現するには，日本では，どうすればよいか述べなさい。

▶ヒント！
　なにが，女性に優しい企業やワーク・ライフ・バランス（WLB）のとれた企業の実現の妨げとなっているのでしょうか。その点について考えよう。
　〇ヒントとなる推薦図書
　・小室淑恵『改訂版　ワークライフバランス――考え方と導入法』日本能率協会マネジメントセンター，2010年。
　　本書では，「ワーク・ライフ・バランス」によって組織と社員の働き方を変えていく手順を，大和証券グループ・アステラス製薬など，先進企業の取り組みなど取材に基づき詳しく紹介しています。
　・佐藤博樹・武石恵美子『ワーク・ライフ・バランスと働き方改革』勁草書房，2011年。

第13章 新しい企業と経営のあり方

　本書では，いつでも残業ができる今の日本企業の社員像を前提とした仕組みから時間に制約のある新しい社員像を前提とした仕組みへの転換を提言しています。そして，改革の鍵は管理職の職場マネジメントにあるとしています。本書では，データ分析や海外との比較を通じて，日本の職場での働き方の特徴やWLB阻害要因を明らかにし，時間意識の高いメリハリのある働き方に転換する為の具体的な取り組みを提示しています。

4　公共セクターへの経営発想の導入と地域マネジメント

　今，日本政府も，地方自治体も，大きな財政赤字を抱え，大きな借金を重ねています。そんな中，政府や地方自治体への経営的発想の導入や民間活力の導入が行われるようになっています。うまくいっているケースもあれば，失敗しているケースもあり，その功罪が問われています。

　公共セクターの経営的発想の導入として1980年代の後半の日本のバブル経済期につくられた第三セクターは，1990年代にその多くが破綻しました。夕張市の財政破綻も，主要産業である炭鉱の閉山以降，街の復活のために取り組んだ公共セクターへの経営的発想の導入による巨額の観光事業投資の破綻によるものでした。第三セクターや地方自治体の経済破綻の理由を外部環境のせいにすることはたやすいことですが，すべての組織体の基本は「経営」です。国も，地方自治体も，公団も，企業も組織体であるかぎり「経営」しなければなりません。永続し，発展するためには「経営」が必要であり，黒字経営を行うことが必要です。「公共サービスという世の中に必要不可欠であり，とても大切なことをしているのだから，経済的にも赤字でも構わない」という理屈は，今や通りません。

Topics 2　ニューパブリックマネジメント（NPM）の台頭

　明治から昭和初期にかけて京都の町衆が普請した学校のうち，近年，廃校に

なった約30校の校舎再生を進める京都市が，今後の事業のアイデアと資金を民間から募ることを決めましたが，市民から大きな反発が広がっています。

　京都市は少子化に伴い，1992～97年に市中心部の上京，中京，下京区で小学校20校を廃校にしました。廃校となる多くはレトロモダンな近代建築で，京都の重厚な歴史的景観を形づくってきました。市は1994年，地元の意思を尊重し，公共事業で再生する基本方針を設定し，この方針に基づき，2006年までに計約230億円かけて10校を芸術センターやマンガミュージアムに生まれ変わらせました。

　しかし，2005年以降，市は残る再生案を示せず，近く廃校となる学校を含めると計20校の再生計画が手つかずのままとなっています。京都市は2011年9月，有識者や市民らでつくる「跡地活用審議会」を4年ぶりに再開し，10月末に民活導入を決定しました。この決定に住民は大きく反発しています。

　行政学の研究者は，これに対して「アイデアが枯れ，民間に頼らねばならない事態を招いたのは，行政の見通しが甘かったからだ。先人が学校を作り，守ってきた歴史から見て再生事業にも地域が主体的にかかわるべきだろう」と語っています（『読売新聞』2011年11月20日付）。

　上記の事例は，予算やアイデアが不足しがちな地方自治体が，地元市民や地元企業，地元の学校組織などの民間活力を利用して，地域活性化を進めてきたものの，その取り組みの行き詰まりの一つを示すものです。

　そうした中で，イギリス，ニュージーランド，スウェーデンから導入された**ニュー・パブリック・マネジメント（NPM）**という考え方も，日本の自治体の経営に広がっています。NPMの定義は「公共部門において民間企業の経営手法を取り入れること」ということですが，民間企業のように，コストを安易に価格に転嫁したり，財やサービスの品質を下げたりすることではないとされています。そして，NPMは，「マネジメントの基準を顧客主義（市民へのサービスの質を高めつつ，市民へのサービスへのコストを効率化を通して安くすること）に転換すること」を本質としています。

第13章　新しい企業と経営のあり方

論点 NPMは，1980年代からの第三セクター方式による地方自治体の経営方式の転換，90年代以降の民間活力の導入と違って，本当に，市民に貢献してくれるものなのでしょうか？

▶ヒント！

　1980年代の第三セクター方式の失敗と，1990年代以降の規制緩和・民活導入の流れ，そして，今のNPMをそれぞれ比較して考えてみることがポイントです。

　○論点を考える上での参考図書
- 岡田章宏編，自治体問題研究所編『NPMの検証——日本とヨーロッパ』（地域と自治体）自治体研究社，2005年。

　　今，日本に浸透しつつある新たな行政管理手法として注目されたNPMの現状と特質を分析し，自治体に現れた問題点を横浜市と堺市を素材に紹介した本。イギリス，スウェーデン，ドイツといったヨーロッパの国々の動向と変化も検証しています。

- 二宮厚美・晴山一穂『公務員制度の変質と公務労働——NPM型効率・市場型サービスの分析視点』（シリーズ　地方自治構造改革を問う）自治体研究社，2005年。

第14章 グローバル化時代の企業・経営

Keywords ▶ フェアトレード，グローバル化（グローバリゼーション），IMF，冷戦，BRICs，多国籍企業，南北問題，持続可能な開発，気候変動，グローバル・スタンダード，外国人労働者

　この章では，グローバル化が進む今日の時代状況を概観し，その中で展開される企業・経営の特徴や課題を理解します。

Topics　フェアトレードを知っていますか

　グローバル化時代の企業，というとふつうは日本企業の海外進出や外資系企業の日本進出，新興諸国の台頭というテーマがまず取り上げられますが，それについては後の〈解説〉で説明することにして，ここでは少し別な角度から時代と企業・経営の接点を考えてみましょう。

① フェアトレードとは

　フェアトレード（Fair Trade）とは，直訳すれば「公正な貿易」です。「公正」とわざわざいわなければいけないのは，「不公正」があるからですね。では，「不公正な貿易」とは何でしょうか。

　それは，主に発展途上国の生産物を先進国の大手企業などが輸入する際に，しばしば生産者に非常に不利な条件や，生活環境を破壊するような生産のやり

第14章　グローバル化時代の企業・経営

方が押しつけられてきたことを指しています。例えば，コーヒーや砂糖はひんぱんに市場価格が乱高下し，価格が低下したときには生産農家に生産コストを下回るような代金しか支払われないことが今だに横行しています。それでいて，価格が高騰した際には，利益は「アグリビジネス」といわれる農産物大企業や商社，あるいは地主などのものになってしまい，実際に生産している農家や農業労働者にはほとんど還元されません。多くの場合，生産者は長年にわたってコーヒーならコーヒー，サトウキビならサトウキビだけを生産させられてきたために，他の作物を生産できない状態にされています。また，貧困のため十分に教育を受けることができていないことなどから，取引先を自分たちで探す能力もありません。このため，不利な条件を受け入れざるをえないのです。結果的に，生産者はいつまでも貧困から抜け出せないのです。

また，エビは東南アジアで大量に養殖されて日本などに輸出されますが，供給を安定させ価格を低くおさえるために，病気を予防するための薬品などが大量に養魚場に投入されています。そこからの排水が海へ流出することで，海洋汚染が懸念されています（他にもいろいろな問題が指摘されています）。

そこで，近年注目されているのがフェアトレードの取り組みです。フェアトレードは一方的な「援助」や「チャリティ」ではありません。生産者の経済的自立を支え，環境や人間に負荷のかからない持続的な生産を達成していくために必要と考えられる適正な価格を生産者に支払う「貿易」という，新しいビジネスなのです。

2　ネパールからコーヒーと工芸品を

（1）仕事づくりのために

神奈川県にあるネパリ・バザーロもフェアトレード企業の一つです。創業者の土屋春代氏は，ネパールの，特に女性のおかれている厳しい状況をなんとか改善しようと，当初は教育への支援に取り組んでいました。しかし，貧困の状態は非常に厳しく，教育への「支援」だけでは問題の解決には遠かったのです。

このため，人々に経済的安定をもたらすための仕事をつくりだす必要が痛感され，土屋氏が中心となって1992年に「ネパリ・バザーロ」が創業されました。

ネパリ・バザーロではまず，女性への技術指導を行い，小規模で職人的な伝統工芸の工場や，当時細々とはじまっていたコーヒー生産に取り組む農家からの輸入をはじめました。取引ができる相手かどうかを確かめるために，土屋氏は一軒一軒を訪ねて歩き，地元の人から「ネパール人よりも生産者の状況をよく知っている」といわれたそうです。ちょうど1991年からネパールの民主化がはじまったところで，人々のあいだでいろいろな新しい取り組みが生まれており，その中には，女性起業家の組織もありました。ネパリ・バザーロはこうした団体とも関係をもちながら，徐々に貿易を拡大していったのです。

（2）生産者からの発想

その際，どのような商品を開発していくのかについても，生産者の状況を基盤に考えています。実は，欧米を中心にフェアトレードが拡大し，大手スーパーなどでもフェアトレードで輸入される商品を扱うようになる中で，商品の「安定供給」が求められるようになったことが，逆に問題を発生させていたところもあるのです。例えば，日本のフェアトレード企業の「老舗」の一つであるオルター・トレード・ジャパンですら，生産者と十分なコミュニケーションをとらずに生産の拡大を意図し，結果として現地が無理をして商品を供給しようとして基準に満たない製品を送ってくるなどの事態が起こり，失敗した経験をもっています。こうした中でネパリ・バザーロは，雑貨，アクセサリーや高品質の衣類など，小規模な手工業で生産できる製品などから製品開発をはじめ，例えば足踏みミシンが古くあまり速く動かないという状況に合わせて衣料品をデザインするなど，現地の状況に密着した製品開発を進め，400種類以上の製品を開発しています。農産物ではコーヒー，紅茶，スパイスなどを有機農業（化学肥料や農薬を使わない農業）によって小さな村で生産できるものが中心です。これは，環境負荷が少なく，生産量が相対的に少量でも付加価値が高いため収入向上にもつながるからです。

また特に，手作りの衣料品などは，社会的に弱い立場にある女性の仕事として重要視されています。それは，比較的短期で技術を伝えることができるからですが，それでも日本の消費者に受け入れられる品質を安定させるためには非常な苦労があったようです。そして，その人たちの中から，より高い技術の習得のために，これまで20人以上を日本へ研修に招いています。他方，何よりも仕事を安定させることを優先しているため，一人ひとりの生産者への支払い金額自体には，まだまだ改善の必要があるようです。

こうした中で，農村と加工工場など，ネパールでの生産者間の連携づくり，工場で働く人たちのいわば保険であるセービング・ファンド，農村の子どもたちへの奨学金など，事業の発展に伴ってさらに新しい取り組みを進めています。

（3）日本国内での活動

同時に，フェアトレードがあくまで「貿易」として成立するためには，輸入した国の市場で売れなければなりません。生産者に「適正な価格」を支払うということは，逆にいえば価格競争力では大手企業になかなか太刀打ちできないということです。したがって，市場の拡大や「売れる」商品の開発は非常に重要な課題です。

このため，最近ではかなり増えているフェアトレード商品を中心に販売するショップへの卸売はもちろん，直接消費者とつながるカタログ雑誌の発行や，インターネット通販にも積極的に取り組んでいます。また，神奈川県の施設内に直営店ももっています。

もちろん，商品の魅力で購入してもらってもよいのですが，やはりなぜこうした取組みをしているのかを理解してもらい，継続的な購入者としてネパールに関わっていく人を増やすことも重要です。このため，カタログ雑誌では現地訪問レポートや研修生についての情報を掲載しているほか，各種のセミナー，料理教室，学校での国際理解教育への協力も進めています。また，近年フェアトレードへの関心が急速に高まっている台湾や韓国の団体との協力もはじまっています。

第Ⅲ部　現代の企業と経営

3　フェアトレードは世界を変えるか

　欧米より大きく遅れているとはいうものの，日本でも最近では大手スーパーでもフェアトレード商品を扱うようになっています。例えば，イオンは PB（⇨第9章）である「トップバリュ」のシリーズで，2010年11月に，フェアトレード認定を受けたものとしては初の日本国内製造であることをうたうチョコレートを発売するなど，フェアトレード商品の取り扱いに積極的です。フェアトレードについては国際的な認証機関があり，そこが設定する基準に合格すると，図14－1のようなラベルを商品に表示することができます。不況の中で消費者は価格に敏感になっていますが，他方で度重なる食品偽装問題などから「食の安全」や「生産者との信頼関係」にも敏感になっています。「公正」というだけでなく，生産者の顔がみえるフェアトレード商品は，こうした消費者の意識に応えた商品となりうるものとして，大手スーパーにとっても魅力的な商品となっています。

図14－1　国際フェアトレード認証ラベル
（出所）　特定非営利活動法人フェアトレード・ラベル・ジャパン提供。

　とはいえ，こうした大手の参入は問題も引き起こします。第一に，先にも述べたように「安定供給」と「持続可能な生産」とのあいだのバランスをとるのは難しいという点があります。第二に，従来のフェアトレード団体・企業との関係です。ネパリ・バザーロのような企業は，当初，血のにじむような努力をして現地との関係を切りひらき，技術指導などにもあたってきました。それがようやく軌道に乗った頃に，よりよい支払い条件を提示する他の団体や大手企業に生産者を「奪われる」という事態も起こっています。また，価格競争の発生も危惧されます。

　このような問題を抱えながらも，フェアトレードは日本でも着実に根を下ろ

しつつあります。多少の一進一退はあっても，今後も拡大を続けるでしょう。そしてそのことは，先進国と発展途上国，生産者と消費者，そしてそのあいだにある企業との関係を，徐々にではあっても大きく変えていくことにつながるはずです。ダイエーの中内功氏が「価格破壊」を旗印に，日本の生産者と消費者，そしてそのあいだにある企業との関係を大きく転換させていった時代（⇨第3章）から半世紀。私たちはまた新しい時代の転換を眼のあたりにしているのかもしれません。

解説　「グローバル化」をさまざまな面から理解する

1 グローバル化とは何か

(1) グローバル化とは

グローバルとは「地球的な」ということですから，「グローバル化（グローバリゼーション）」とは「地球的になる」ことですね。何がどう「地球的」になっているのでしょうか。いろいろな側面がありますが，私たちが学んでいる企業や経営との関わりでは，やはり経済活動を軸としてグローバル化を捉えるところからはじめましょう。

IMF*が2000年に発行した報告書では，次のように説明されています。

Economic "globalization" is a historical process, the result of human innovation and technological progress. It refers to the increasing integration of economies around the world, particularly through trade and financial flows. The term sometimes also refers to the movement of people (labor) and knowledge (technology) across international borders. There are also broader cultural, political and environmental dimensions of globalization that are not covered here.
(IMF Staff, "Globalization: Threat or Opportunity?", 2000 http://www.imf.org/external/np/exr/ib/2000/041200to.html)

つまり，「貿易や資金の流れが世界を統合する」「人々（労働力）や知識（技術）が国境を越えて移動する」「文化，政治，環境の側面もある」ということ

ですね。ですが，貿易などによる商品の移動は昔からありますし，国境を越えて移動する人々も昔からいました。なぜあえていま「グローバル化」といわなければならないのでしょうか。

＊　国際通貨基金（International Monetary Fund の略）。国際為替相場と各国通貨の安定のために，国家財政が危機に陥ることを防ぐための融資や，各国の為替政策への監視などを行っている国連の機関。

（2）拡大してきたグローバル化

　その理由の一つは，そうした商品や資金，人々の移動が，特定の国境を越えるだけでなく，地球規模で起こるようになってきているということです。特に，1991年のいわゆる「冷戦の終結」が大きなきっかけになりました。1990年まで，世界の多くの国は西側（資本主義体制をとる諸国）と東側（社会主義体制をとる諸国）のいずれかの立場に分かれ，政治的・軍事的に対立していました。このため，東西それぞれのブロックの中での移動はありましたが，東西の壁を越える移動は，商品であれ人であれ非常に少ないものだったのです。これが東西冷戦時代です。しかし，東側のリーダーの一つであったソ連（ソヴィエト連邦）が，1980年代後半から徐々にそれまでの社会主義体制を変化させたことが東側の体制を動揺させ，ついに1989年に東西冷戦の象徴であったドイツの「ベルリンの壁」が崩壊しました。そして翌年には，分断国家であった東西ドイツが統一されました。1991年には第一次戦略兵器制限交渉＊（START I）が調印されて軍事的な対立が緩和されました。

　こうした変化の中で，ソ連をはじめ東側諸国の大半は，政治体制をそれまでより民主的なものにするとともに資本主義的な経済システムに転換し，同盟諸国も多くがそれに追随しました。中国，ベトナムなど政治体制としては社会主義を維持している国でも，経済的には資本主義諸国との関係を強め，資本主義的なシステムを徐々に導入していきました。これによって，それ以前とは比較にならないほど商品，資金そして人々の移動が拡大していったのです。このことを特徴づけるために「グローバル化」という言葉が用いられるようになって

きました。

＊ 直接相手国を攻撃するような核ミサイルを削減しようという交渉。

　もう一つの大きな理由は，技術の発達などによって，そうした地球規模での移動が以前よりはるかに容易になっていることです。例えば，IMFの説明でいう「知識（技術）の移動」の点では，インターネットの普及が大きく貢献しています。情報が早く行き交うことで活発になるのは資金の動きも同じです。飛行機が大型化して航空券が安くなり，遠くの国へと出稼ぎに行くのも以前よりはるかに容易になりました。

　このような要因によって，1990年代以降，グローバル化はずっと拡大してきています。企業も当然，それへの対応を以前にも増して強化するようになっています。

（3）新興諸国の台頭

　さらに，21世紀に入って以降，従来のいわゆる「先進国」や，それに次いで発展してきていた韓国などの経済成長が鈍化し，経済危機もたびたび発生するようになってきました。それに対して，従来は「発展途上国」などの枠組みで考えられていた国々の中から，急速な成長をとげる国が現れてきました。国名の頭文字をとって **BRICs** と呼ばれるブラジル，ロシア，インド，中国がその先頭に立っています。これらの国はいずれも人口が多く，また古い政治・社会・経済システムが経済の発展を妨げていたこともあり＊，貧困やその他の多くの問題を抱えていました。今日でもそうした問題がすべて解消されたわけではありません。しかし，技術を武器とした輸出産業の成長を起爆剤として急速な成長を進めている中国やブラジル，国内の天然資源の活用を進めるロシア，共通語が英語である利点を活かしたIT産業の成長などで変化するインドといったそれぞれの特色をもちながら経済の発展が進むことで，古いシステムの改革も進んでいます。こうした中で，いわゆる「先進国」などの企業の製品が占めていた市場においても大きな変化が生まれています。

　例えば，民間用航空機製造業の市場は，これまで非常に寡占（⇨第1章）的

な構造で，事実上アメリカのボーイング社と欧州4カ国合弁のエアバス社の2社が支配していましたが，いまや中型機の分野ではブラジルのエンブラエル社が市場を牽引しており，軍用機も合わせると同社は今日では航空機製造業で世界第4位となっています。

* 中国やロシアにおいては，「社会主義」国に根強い官僚主義的な行政システムの存在，ブラジルやインドでは，地主など支配階層の力が強く多くの人々が貧困な状態におかれていたことなどがあります。

また中国では，1980年代にいわゆる「改革・開放」政策がはじまったところが今日の経済発展の出発点となっています。当初は人件費の安さなどから主に技術レベルの低い繊維製品（衣料品）や雑貨の類を低コストで生産して「先進国」へ輸出するという形でした（1950～60年代はじめの日本とよく似ています）。しかし急速に技術力や生産体制の近代化が進んだことから，特に2000年代以降は自動車など高い技術力を必要とする製品を国内企業が自主開発するようになり，輸出も行われるようになりました。現在，かつて中国で多く生産されていたような技術レベルの低い繊維製品の生産はベトナムやバングラデシュなどに移っており，同じ繊維製品でもユニクロのように一定の品質と的確な生産のコントロールが必要なものが中国に残るという段階に達しています。こうした経済成長によって沿岸部を中心に雇用の増加や所得の向上がみられ，国内市場も大きく拡大したことがさらなる成長を支えるという，かつての日本の高度経済成長（⇨第11章）にも近い状況が今日では生まれています。

2 グローバル化と企業

（1）企業もグローバル化する：多国籍企業化への道

企業は本質的に，国境に縛られない性格をもっています。多くの企業は利益を上げることが重要な目的であり，そのためによりよい可能性を常に探っています。もともとその企業が立地していた国から国外に進出あるいは移動したほうがより有利であるならば，可能な限りそうすることが望ましいわけです。も

ちろん，国外に進出・移動することにはリスクやコストも生じます。したがって，より積極的な理由がある際に，そうするのであると考えられます。具体的には，①自社の製品などの優位性が海外でも実現できるので，進出すれば利益が期待できる場合，②国境を越えて取引をする際に，相手国の企業との取引ではなく自社内部（子会社を含む）での取引をしたほうが情報の流出が防げる，または現地の能力をより活用できるといった利点がある場合，③交通が便利，資源の産地に近い，大きな市場があるなどの立地面での利点がある場合，などが企業の国外進出への動機になるといえます。

　国外への進出は多くの場合，支店や子会社を設立するか，現地企業と合弁企業（⇨第3章）を設立するところからはじまります。最も広い**多国籍企業**の定義では，統一的な意思決定のもとで複数の国に拠点をおいて活動する企業を指しますので，この段階でも多国籍企業といえますが，実際には規模の大きい事業拠点を海外にもち，生産と販売の双方を複数の国で行うような大企業を指して多国籍企業ということが多く，最近急増している日本の中小企業による海外生産拠点の設置などは含まないようです。

（2）日本企業の多国籍化

　日本の製造業企業の場合，いわゆる高度経済成長（⇨第11章）の時期に東南アジアなどでの現地生産企業の設立と，欧米での販売会社の設立などから，海外への進出がはじまった事例が多くみられます。戦前は，中国および植民地としていた朝鮮，台湾を別にすれば海外に進出していた日本企業はほとんどなかったので，このころから日本企業の多国籍化が本格的にはじまったといえるでしょう。当初は東南アジアでの繊維製品生産などからはじまり，1980年代には貿易摩擦（⇨第11章）への対応もあって自動車メーカーなどが欧米にも多数の生産拠点を構えるようになりました。また，そうした中で意思決定を地域ごとに分権化する企業も現れるようになりました。ヨーロッパ，アメリカなど地域ごとに本社をおき，意思決定の大半をそれぞれで行うことで，より地域の状況に密着した機動性のある経営を目指そうとするものです。

表 14-1　日本の貿易額トップ10

(単位：10億円)

	輸　入				輸　出			
	1980年		2010年		1980年		2010年	
順位	国　名	金額	国　名	金額	国　名	金額	国　名	金額
1	アメリカ合衆国	5,558	中国	13,414	アメリカ合衆国	7,118	中国	13,086
2	サウジアラビア	4,428	アメリカ合衆国	5,911	ドイツ	1,301	アメリカ合衆国	10,374
3	インドネシア	3,004	オーストラリア	3,948	韓国	1,225	韓国	5,460
4	アラブ首長国連邦	1,850	サウジアラビア	3,149	中国（台湾）	1,169	中国（台湾）	4,594
5	オーストラリア	1,585	アラブ首長国連邦	2,569	中国	1,141	中国（香港）	3,705
6	カナダ	1,074	韓国	2,504	サウジアラビア	1,100	タイ	2,994
7	イラク	988	インドネシア	2,476	中国（香港）	1,077	シンガポール	2,209
8	イラン	986	中国（台湾）	2,025	シンガポール	885	ドイツ	1,777
9	中国	978	マレーシア	1,987	イギリス	858	マレーシア	1,545
10	マレーシア	792	カタール	1,904	インドネシア	780	オランダ	1,431

(出所)　総務省統計局『日本統計年鑑』各年版より作成。

　とはいえ，多くの日本企業にとってアジアとの関係が深いことに変わりはありません。このうち韓国や ASEAN*との結びつきは，日本の高度経済成長期に日本企業の工場が開設された頃にはじまります。当初は日本やアメリカなど先進国向けの輸出を行うことを主な目的としていましたが，各国の生活水準が上がり購買力も向上してきたので，そうした工場で生産されたものがその国でも販売されるようになってきています。中国には遅れて1980年代から進出がはじまりましたが，同じように輸出志向から内需向けへと変化しつつあります。インドとの関係はまだ本格化していませんが，インドの技術力を活かした開発や生産，さらには世界第2位の人口という巨大な市場がいずれ成長してくることを見通した市場確保をねらって，多くの企業が進出を検討しています。

　＊　東南アジア諸国連合（Association of South East Asian Nations の略）。インドネシア，マレーシア，フィリピン，シンガポール，タイ，ブルネイ・ダルサラーム，ベトナム，ラオス，ミャンマー，カンボジアが加盟する地域協力機構。

3 グローバル化時代の経営課題

グローバル化によって，国際社会と企業との関係も変わりつつあります。いくつかの問題に焦点をあてながら，今後の企業経営における課題を考えてゆきます。

（1）法律や制度への対応

一国だけで活動している企業であれば，法律などのさまざまな制度も，その国のものだけを遵守していればよかったのです。ところが，国際化が進んでいくことによって，進出先の法律などのさまざまな制度にも対応していく必要が出てきています。

例えば，特許に関する考え方は，日本・ヨーロッパとアメリカでは異なっています。日本・ヨーロッパは先願主義をとっていて，先に特許の申請をしたものに権利があると定めています。一方でアメリカにおいては，先発明主義をとっていて，特許の申請をしていなくても，先に発明した者が特許権を得ることとなっています。このためアメリカでは，一度特許が公式に認められたとしても，先に発明した者が出てきてその証明がなされた場合には，特許が取り消しとなり，新たな出願者に特許権が認められます。このような特許をサブマリン特許と呼び，アメリカで製品を生産・販売している日本企業に一時期大きな影響を与えました。また，特許はその出願国においての権利を保護するものであり，国ごとに異なる法律なので，製品の販売先などの国のすべてに特許を出願しなければならず，そのために大きなコストがかかるという問題もあります。こうした問題にも気を配る必要があります。

（2）企業の活動と南北問題

企業が合理性，効率性だけに目を奪われると，思わぬところから問題が生じてくることもあります。例えばスポーツ用品の国際的大手企業であるナイキで

は，1997年に，ベトナムなど東南アジアの生産委託をしている工場で，児童労働や低賃金労働，強制労働などの問題がみつかったことがありました。これらは，あくまで生産委託をしている企業の問題であり，ナイキはその企業に出資していない以上，直接運営に口を出す法的な権利がないといえばそのとおりです。しかし，ナイキがその企業と契約をしているという事実は，そのような労働による製品の生産を認めていると考えられるため，ナイキの企業倫理の問題として取り上げられました。この問題は，まずアメリカでの不買運動が起きるきっかけとなり，それ以外の国でもNGO（⇨第13章）を中心に問題として取り上げられました。ナイキは，最終的に国際社会からの非難を浴び，工場との契約条件に労働条件に関することを明記することを公約し，またNGOの労働状況に関する工場監査を受け入れることとなりました。

　ナイキが自前で工場をもたず，アジアの企業に生産を委託しているのは，ナイキが本社をかまえるアメリカで労働者を雇って工場を運営するよりも，人件費などが安い途上国で生産をしたほうが生産コストが安くなるからです。また，自分たちで工場をもたず，協力工場での生産という形態をとると，生産数量などの変更も容易に行える上，固定費を減らすこともでき，ナイキからみるとよいことばかりになります。

　これには，**南北問題**といわれる問題が背景にあります。南北問題とは，地球の北側に先進国が多いのに対して，地球の南側には発展途上国が多いことからこう呼ばれています。発展途上国の多くは，かつて現在の先進国の植民地であったために，支配する側の都合のよいようにコントロールされてきました。〈Topics〉で取り上げたコーヒーのように，単一の作物だけを大量に生産させられることで自給自足的な生産を破壊される，あるいは安い労働力として酷使されることで教育も満足に受けられないといった状況は，植民地が独立したのちも現在に至るまで尾を引いています。結果として，所得差などさまざまなコスト面での差があるため，先進国の企業はコストの安いこうした国々に工場を作り，あるいはこうした国の企業から安くいろいろなものを輸入することができます。しかし，コストが高くなれば工場を移転する可能性もあります。この

ことは，見方を変えれば，労働者の能力を安く買い叩く，搾取しているという状態となります。また，所得差があるので，国境を越えた出稼ぎや密入国などさまざまな問題をもたらしたりもします。

　このように，企業がグローバルに活動することによってさまざまな社会問題を引き起こすことがあります。その際に，自国や進出先それぞれの法律，制度，慣習などに適応するだけでなく，自社の活動が国際的にどのような影響を及ぼすのかについても深く検討することが必要となってきています。それを怠ると，思わぬところで大きな問題を引き起こすことになりかねません。

（3）企業組織と異文化マネジメント

　また，企業が多国籍化することによって，企業内部にも課題が発生することがあります。いろいろな国の，異なった文化的（宗教や慣習なども含む）背景をもった従業員が一つの企業で一緒に働くことになるのですから，いろいろな食い違いや誤解などが起こるのがむしろあたりまえになってきます。例えば，キリスト教の慣習である日曜日を休日とすることは，今日世界の多くの国で取り入れられています。しかし，イスラム教では休日は金曜日です。いつを休みにするのかという最も基本的なことですら，こうしたことを調整しなければなりません。

　しかし，こうした明らかに違いのあることは，まだしも合理的な解決をみつけやすいといえます。例えば，従業員によって休日を選択できるようにするなどは，たいていの場合それほど難しいことではありません。むしろ問題は，日ごろ人々がはっきりとは意識していない思考のプロセスや対人関係の感覚といったあいまいなことが基盤となり，当事者にも何が原因かよくわからないままトラブルが引き起こされるといったことが生じてきます。

　例えば，日本では上司が部下を叱責する場合，他の従業員がみている前で叱責することがめずらしくありません。叱られている側も，自分に責任があればやむを得ないと思うことが多いでしょう。ところが，東南アジアなど少なくない地域では，他人の前で叱責されるというのは最大の侮辱だと感じられていま

す。そこで問題になるのは，日本企業の進出先で，日本から派遣された管理職が現地の従業員に日本と同じようなつもりで接したときです。叱られた従業員は，その場では耐えたとしても，度重なれば不満が蓄積していき，仕事の質も下がっていくでしょう。特に日本のように，比較的国内での文化的な差異が小さいと思われている国で生まれ育った人は，自分と異なる感覚の人がいることについて無頓着になりがちなので，こうした人が他の文化圏で仕事をした場合に，トラブルは起こりやすくなります。企業の多国籍化に伴ってこうした問題が拡大してきたため，「異文化マネジメント」ということが近年では強く意識されるようになっています。

4 グローバル化の今後と企業

グローバル化の進展は，社会の大きな変化も引き起こしています。そうした中で，〈Topics〉で取り上げたフェアトレードのような新しい動きも生まれてきています。最後に，企業はもちろん，本書の読者のみなさん一人ひとりにとって今後大きく関わってくると考えられる社会の変化について，いくつかの点を説明していきます。

(1) 環境問題

地域と地球の環境問題は深刻さを増しています。1970年代ごろまでは環境に対する意識が低く，企業でも資源などを使えるだけ使う，廃棄物などもできるだけ安上がりに処理するという考え方で行動していました。それが，公害や地球温暖化などさまざまな問題を生じさせ，1980年に初めて「**持続可能な開発**(Sustainable Development)」という考え方が大きな課題として国際的に共有されました。ここでは，いまだ極度に厳しい状態におかれている人々が世界に多く存在することを考えた時に，さらなる開発や発展は必要であることを認めつつも，同時にそれは今後も地球と地域の環境がヒトの生存を可能にするものでなければならない，そしてヒトの存続はヒトそれ自体だけでなく生物の多様性や

地域と地球の環境保全によって可能になる,という考え方が含まれています。この考え方は今日では広く浸透しており,企業の活動もこれを強く意識しなければならなくなっています。

　地球規模の環境問題としては,いわゆる「地球温暖化」が依然として大きな問題です。近年では,単に地球の平均気温が一律に上昇するのではなく,「温暖化」の影響としてさまざまな異常気象が起こると予想されることから,「**気候変動**」問題として取り上げられるようになっています。この主な原因物質が二酸化炭素（Co_2）と考えられているため,企業は機械の動力や輸送による二酸化炭素の発生を抑える努力を行うようになってきています。

　地域の環境問題では,有害物質の問題が深刻ですが,これについても積極的に取り組む企業が生まれてきています。クボタは,トラクターなどの農業用機器の生産で世界的にも大手ですが,同社の尼崎工場におけるアスベスト飛散の問題が,2005年に取り上げられました。アスベストは石綿とも呼ばれるもので,古くから生活の中で用いられてきていました。しかし近年,空気中に飛散したアスベストによる健康被害が WHO（World Health Organization：世界保健機構）をはじめ,さまざまなところで問題視されています。アスベストの問題がはっきりとしてからのクボタの対応は早いものでした。特に,工場からアスベストが飛散した可能性と,地域住民の健康被害との因果関係がはっきりしない中で,工場近辺に居住する住民への補償を行うことを決定しました。今までの企業であれば,健康被害を受けたと思われる住民の訴えによる裁判を待って,企業活動と健康への影響の因果関係がはっきりとしてからの補償となっていました。しかし近年はクボタのように,企業行動の考え方自体が変わりつつあります。

（2）世界の均質化

　グローバル化によって大手企業が世界中に進出するようになった結果,世界で標準だと認められたモノがさまざまな地域で主流となってきています。言い換えれば,グローバル・スタンダードが地域の個性よりも消費者から受け入れられやすくなっているということです。**グローバル・スタンダード**とは,特定

の製品やサービスが世界で標準的になっている状況のことを指します。例えばパソコンを使うときの OS やワープロ・ソフトは，ほとんどがマイクロソフト社製です。また CPU はほとんどがインテル社製です。このような状況は世界中どこでも変わりません。このような製品には，地域ごとの個性の残る余地はほとんどなくなってきています。パソコンならまだそれでもよいかもしれませんが，ファストフード業界は，世界中のどこに行っても，著名なチェーンが上位を占めてきます。それは，マクドナルドであり，ケンタッキーフライドチキンであったりしますが，世界中のどこでもほとんど同じサービスを同じような店舗で受けることとなります。このことから，地域ごとの文化的な個性が薄れていき，多様性が失われていくことを危惧する声が強まっています。多様性の喪失は，企業活動においても新しい動きの原動力を失うことにつながります。

（3）労働の国際移動

また，グローバル化ゆえのヒトの移動の容易さと地域間の格差の問題が，各国・地域の社会に変化を引き起こしています。主に途上国から先進国へ向けて，季節労働者や移民として多くの人々がより高い収入を求めて移動しています。先進国は時にそれを規制しようとしますが，そうするといわゆる「不法」移民が増加します。

日本は高度な専門性を有すると思われる職種のみに長期の就労ビザを発給しており，工場などで働くいわゆる単純労働者の受け入れについては世界でも閉鎖的な制度をもつ国の一つです。しかし実際には，多くの**外国人労働者**が日本で働いています。

実は，単純労働者の受け入れにはいくつかの例外があり，その一つが研修ビザです。農業や工場で，途上国の人々に知識や技術を身につけてもらいながら働いてもらう，といった主旨なのですが，実際には低賃金の労働力としてろくに研修もさせず安易に利用されている実態があります。また，日本から海外に移住した人の子どもならびに孫（いわゆる日系人）については，日本国内の人口増加を緩和するために政府が積極的に海外移住を勧めていた時期もあることか

ら，その子どもや孫が日本に「帰国」して働くことが一定の条件で認められています。日系人には永住資格があるのですが，実際には，今までの生活習慣との違いや物価の差もあることから，日本でお金を稼いで，生まれた国で豊かな暮らしをしようとしている人が多くいます。このような日系人は，特に群馬・愛知・静岡・滋賀県などに多く住んでおり，主に工場労働をしています。また，観光ビザで入国して，建設現場での労働などを行い，ビザの期間が切れても滞在している外国人労働者など，多様な外国人労働者が現在の日本にはいます。

　このような多様な外国人労働者は，主に日本人が働きたがらない職場で働いていますが，「不法滞在」など弱い立場であることが多く，労働者の権利がなかなか守られていません。また，外国人労働者を企業などに派遣する立場の日本人が，賃金の一部を自分のものとする，などといったことも多くあります。これらは今後の課題となりますが，現実として外国人労働者がいなくなれば，成り立たない社会にもなりつつあるため，このような労働者に対して，法制面で権利をどのように保障していくのか，が重要となりつつあります。

論点 今後の日本における外国人労働者の受入れをどうすればよいでしょうか？

▶ヒント！
- 高 賛侑『ルポ　在日外国人』集英社新書，2010年。
  第二次世界大戦前から日本に居住する中国や韓国・朝鮮系の人々から外国人研修生，「日系人」など多様な在日外国人の現状についてコンパクトにまとめたルポルタージュで，具体的なイメージをつかむのに役立ちます。

論点 世界から貧困をなくしていくために，企業は何をするべきでしょうか？

▶ヒント！
　コーヒーの生産現場から世界経済の問題点をコンパクトにえぐりだした本として定評のある，オックスファム・インターナショナル／村田武・日本フェアトレード委員会訳『コーヒー危機――作られる貧困』があります。同じコーヒーをめぐっては，スターバックスも問題の解決に取り組んでいると強調して

いて，有名なハワード・シュルツ，ドリー・ジョーンズ・ヤング／小幡照雄・大川修二訳『スターバックス成功物語』（日経BP社，1998年）でもふれていますが，比較してみてもおもしろいでしょう。

第15章 今後の学びや進路選択に向けて

　本書は，経営学分野を中心として，マーケティング分野や経済学分野を広く学べる基礎・応用のテキストとなっています。このテキストを終えた後，4年制の大学の経営学部・商学部などに学ぶ大学生の皆さんの場合は，専門演習（ゼミ）選択や専門科目の履修という形で，経営学分野やマーケティング分野において，今後，より深く学んでゆく分野を選択することが求められることとなると思います。

　また，あまり経営学を知らない社会人の皆さんでも，経営学部・商学部でない学部生の方や短期大学で学ぶ皆さんでも，本書で学んだり，読んだりした後，本書で書かれている経営学，経営戦略論，マーケティング論などをより深く学んでみたくなったかもしれません。

　そこで，本章では，今一度，本書の内容を学問的専門分野ごとに振り返り，学びを深めるための導きをしたり，今後の多様な進路選択を考えてもらうために，いろいろな情報や学術書の紹介をしていきたいと思います。

1　経営学の専門分野の紹介

　経営学には，企業論，企業統治（コーポレート・ガバナンス）論，経営史，経営倫理論，企業文化論，経営戦略論，経営管理論，生産管理論，人的資源管理論，組織行動論，国際経営論などが，専門分野としてあります。なにやら難しそうな名称にみえるかもしれませんが，いずれの専門分野も，学問的にとても興味深いものばかりです。

　企業や組織の基本的な仕組みをより深く学ぶには，企業論，企業形態論，

コーポレート・ガバナンス論などが有効です。また，企業や組織をいかに管理するかをより深く学ぶには，マネジメント論，経営組織論，経営管理論，人的資源管理論（人の管理論）などを知っておくことが有効になります。また，企業や組織をいかに方向づけるかをより深く学ぶには，経営戦略論，マーケティング論などを学ぶことが大切です。企業や組織の現代的な課題を今後より深く学ぶには，環境経営論，国際経営論を知っておくことも重要です。

　本書の中でそれぞれの専門分野の書かれている箇所を紹介しますと，企業論は，本書の第2章の前半，企業統治論は第3章，経営倫理論は第13章，経営戦略は第7，8章，人的資源管理論は第5，6章に，組織行動論は第5章，国際経営論は第14章に主として書かれています。そこで，今一度，経営学のそれぞれの専門分野がどのようなものであるのかについて，本書で書かれた箇所を読み直すことで，復習をしてもらいたいと思います。

　各専門分野で，お薦めしたい著作（学術書）としては，下記のようなものがありますので，ぜひ図書館で手にとって，読むようにしてみてください。少し難しいかもしれませんが，あえて挑戦することで，経営学のそれぞれの専門分野がぐっと近く感じられると思います。

　企業論では，長島修『日本戦時企業論序説——日本鋼管の場合』（日本経済評論社，2000年）がお薦めです。本書は，戦後日本経済システムの源流は戦時経済にあるかを，戦時下の日本鋼管を事例として，その経営，技術，組織，労使関係の実態を明らかにし，戦時企業論を再構成した好著です。

　経営史の分野では，山崎敏夫『現代経営学の再構築』（森山書店，2005年）などの優れた研究があります。本書は，経営学研究の課題，対象，方法をめぐる問題を考察するとともに，現代企業経営の基本的問題，今日的問題を，経営史を通して考察する中で，経営学研究の今日的なあり方を探求した学術書です。

　経営戦略論の優れた著作としては，肥塚浩『現代の半導体企業』（ミネルヴァ書房，1996年度）があります。本書は，半導体産業を構成している現代半導体企業の具体的ありようを分析し，現代半導体企業の組織構造を，開発・生産レベル，事業レベル，全社レベルという三層的に理解し，その上で各階層のあり

ようを戦略との関係性で解き明かした好著です。

また，生産システムの分野では，今田治『現代自動車企業の技術・管理・労働』（税務経理協会，1998年）がお薦めです。本書は，1960年代後半から，今日にいたる時期の日本と欧米（主にイギリス）の自動車企業を研究対象にして，企業における技術発展との関連において，諸管理（主に生産管理，労働管理）の内容，専門管理組織，作業形態（作業組織・方法），および労働（雇用，労働内容，知識・技能，労働力構成，労働条件）の変化を理論的・実証的に明らかにした学術書です。

人的資源管理論（人の管理）としては，黒田兼一・今村寛治・守屋貴司編著『人間らしい「働き方」・「働かせ方」──人事労務管理の今とこれから』（ミネルヴァ書房，2009年），柴山恵美子・藤井治枝・守屋貴司編著『世界の女性労働』（ミネルヴァ書房，2005年），守屋貴司『日本企業への成果主義導入──企業内「共同体」の変容』（森山書店，2005年），などがあります。『人間らしい「働き方」・「働かせ方」』は，規制緩和とグローバリゼーションが吹き荒れる現代日本を，雇用，労働，人事，キャリア形成，労使関係など，人事労務管理の各分野から読み解き，あえて「人間らしく働く」立場，すなわち，ディーセント・ワークを視座に据えて現代日本に問題提起した本です。『世界の女性労働』は，先進国，アジア・中東・アフリカの女性労働と人事管理の実態を鋭く抉り，各国の均等政策に光を当てた学術書であり，さまざまな要因を視野に，女性労働の現実と今後の進展を探った本です。『日本企業への成果主義導入』は，成果主義導入による日本企業の擬似共同体組織（企業内「共同体」）の変容については，論評的にはさまざまな報告書，著作，雑誌において書かれたものが散見されますが，これまで，理論的・実証的に解明が行われておらず，本書は，成果主義導入によって，企業内「共同体」がどのように変容・崩壊しているのか，またどのような条件によって，企業側の意図によって企業内「共同体」の存続・維持が図られつつあるのかについて理論的・実証的に解明を試みた学術書といえます。

NPO論やコーポレート・ガバナンス論としては，小島愛『医療システムと

コーポレート・ガバナンス』(文眞堂, 2008年) がお薦めです。近年脚光を浴びている非営利組織のコーポレート・ガバナンス体制を解明するために, 医療システムの国際比較および先進的病院の経営比較を内容としています。特に, 少子高齢化や医療費高騰の中, ますます重要となる非営利組織である病院における経営健全化と競争力強化のために, メディカル・ガバナンス論という新しい学問分野の確立を図る気鋭の力作です。

2 マーケティング論の専門分野の紹介

マーケティングは, 身近な商品が事例として取り上げられることも多く, 多くの人が興味をもつ分野です。マーケティングの基本的な考え方を学んでいく上では, ブランド論を含むマーケティング・マネジメント, サービス・マネジメント論, 広告論, 国際マーケティングなどが重要です。また実際にマーケティング活動を進める場合には市場調査なども必要になるので, 製品開発論とあわせて経営統計論, マーケティング・リサーチなども学ぶことをお薦めします。いろいろな事業分野ごとのマーケティングについては, 流通経営論, 観光システム論, デザインマネジメント論などを学ぶことができます。本書では主に第9章の内容になります。

お薦めできる学術書は次のようなものです。マーケティングの基礎理論としては, 第9章の最後で紹介した『コトラー&ケラーのマーケティング・マネジメント』にぜひ一度眼を通してほしいのですが, あわせて読んでほしいのが, 木下明浩『アパレル産業のマーケティング史——ブランド構築と小売機能の包摂』(同文舘出版, 2011年) です。本書は, みなさんもよく知っているアパレル業界を舞台に, ブランドや小売と製造の一体化といった話題のテーマを解明しています。サービス・マネジメントについては, 近藤隆雄『サービス・マネジメント入門——ものづくりから価値づくりの視点へ』(生産性出版, 2007年) がわかりやすいでしょう。

流通の分野では, 三浦一郎編著／粟島浩二・小沢道紀・山本敏久『流通と顧

客創造』（高菅出版，2004年）や三浦一郎・白珍尚・岸本秀一・田中浩子『顧客の創造と流通——ドラッカー経営学の視点から』（高菅出版，2010年）がドラッカーの理論をふまえて検討を加えています。

論点 今後，あなたは，どの専門分野を深く学びたいですか？

▶ヒント！
　本書でも比較的身近に感じられる「経営戦略論」や「マーケティング論」に目が行きがちですが，前述してきたように，経営学分野には，さまざまな専門分野があります。食わず嫌いにならず，将来の経営者や経営管理者，経営のスペシャリストを目指すなら，さまざまな専門分野を深く学ぶことをお薦めします。

③ 専門演習（ゼミナール）とはどのようなものか

　専門演習（ゼミナール）は，大学の3年生から4年生（大学や学部によっては，2年生から3年生）までの大学生生活を左右する大きな存在です。専門演習は，その名のごとく，学びたい専門分野について，その分野の専門の先生（学者）に，少人数で，学習・研究指導を受けることができるとても重要な科目です。そして，大学によって異なりますが，筆者が所属する立命館大学経営学部では，各学年ごとに，ゼミ論文を作成したり，大学生活の総決算として，卒業論文を作成します。専門演習は，大学の学びの中心といっても過言ではありません。
　また，同じ専門演習といっても，基礎演習（1回生時の演習）と異なり，専門演習（ゼミ）は，学内の「学び」だけにとどまらず，ゼミ合宿，ゼミ旅行，コンパなどゼミ生の懇親の場であったり，工場見学などの学外での「学び」の場であったり，就職活動時の情報交換の場であり，ゼミのOB・OGや他大学の同分野の学生交流の場であったりします。
　ゼミ履修生とゼミ非履修生を比べると，就職活動時，ゼミ非履修生は，著しく就職率が低い点があります。企業も，専門演習に所属しているか，大学でど

のような専門研究をしているかを重視しているといえます。

　また，専門演習では，それぞれの専門分野の研究において，討論や討議を重ねることで，他人を納得させるだけの論理力や説得力を身につけることができます。そして，専門演習では，情報収集能力に加えて，プレゼンテーション能力も身につけることができることも重要な点です。特に，専門演習における討議・討論は，一人でものを考えると独りよがりな考え方に偏りがちですが，他人からの「指摘」や「批判」を受けることで，「客観的な考え方」を獲得することができ，自分の考える力を強くしていくことができます。

> **論点**　**基礎演習（1回生少人数クラス）と専門演習（2回生以上のゼミナール）とでは，どう異なりますか？**
>
> ▶ヒント！
> 　今日の日本の大学教育の現状としては，三浦展『下流大学が日本を滅ぼす！――ひよわな"お客様"世代の増殖』ベスト新書，2008年が，おもしろく描いていますので，興味深いです。
> 　また，基礎演習から専門演習への移行において，読んでほしいのが，速水敏彦『他人を見下す若者たち』講談社現代新書，2006年です。学びの成長とともに人間としての成長の違いについても考えてほしいと思います。

経営学の学び方

　経営学部や経済学部，商学部に学ぶ学生のみなさんはもちろん，本書を出発点に経営学について学んでいこうとされるみなさんに，その道案内をしてみようと思います。道案内ですから，最初に目的地をどう選ぶのかを示し，その次に地図をお見せした上で，どうやってその道を進んでいくかの手段をあげていきます。

1　そもそも「経営学を学ぶ」とは

　経営学を学ぶ目的は人によりさまざまです。実際の企業や組織の活動に直接生かそうとすることももちろんですが，大学で経営学を学ぶ学生の多くにとっては，大なり小なり教養や知的能力の訓練，社会的な視野を広げるといった広い意味をもっています。

　序章で示したように，経営学には実践の役に立つ側面と，企業や組織の活動を客観的に理解することに役立つ側面の両方があります。そして，実はこの2つの側面は別々なものではありません。客観的な理解なしに実践的な指針を得ることはできません。そして，客観的な認識の適切さは，実際の企業・組織の活動がその認識の正しさを示すかどうかによってはかられるのです。

　ですから，どのような目的であっても，経営学を体系的に学ぶことが必要です。実践の役に立てようとする人は，往々にして「いますぐ役に立つこと」だけを求める傾向がありますが，「いますぐ役に立つ」ことは「明日には古くなる」ということを押さえておく必要があります。本屋さんの「ビジネス書」の棚には「すぐに役に立つ」ことをうたった本が山ほどありますが，実際には玉

石混淆で，百害あって一利なしのものや毒にも薬にもならないもの，陳腐で当たり前なものに新しい装いをかぶせただけのものなどが多くあります。そういうものを見分け，真に自分に必要なことを見いだす力を，基礎的な学習によって身につける必要があるのです。

他方で，大学で学ぶ学生のみなさんの中には，「単位のとりやすそうな科目」「教授の雑談がおもしろい科目」をついつい選んでしまう傾向があります。しかし，それでは体系的な理解を得られず，経営学のいろいろな知識を身につけても「雑学の集積」にすぎなくなってしまうのです。経営学を通じて自分の教養や知的能力，社会的な視野の広がりをつくるためには，経営という現象を全体として理解しようとすることが必要なのです。

2　経営学を学ぶ道筋：基本的な枠組み

経営学を学ぶための地図は，何通りも描くことができますが，例えば図のように考えることができます。まずは企業や組織の活動を次の縦軸の3つの側面から理解することとして，それぞれの基礎理論については共通に学ぶ必要があるでしょう。その上で，それぞれの側面についてよりつっこんで学んでいくことになります。また一方では，企業や組織をその特徴から分野ごとに分類し，その分野ごとの経営学について考察する場合もあります。つまり，基礎の上にはある種のマトリックスで自分の学ぼうとするターゲットを考えることになります。

3　どうやって勉強すればよいのか

(1) 土台をつくる
①基礎理論は押さえよう
第2節の①～③に示したような基礎的な理論については，これまで重視されてきた基本的な考え方をきっちり押さえておくことが必要です。新しい時代に対応した新しい考え方も，既存のものと無関係に生じることはありません。

経営学の学び方

図　経営学を学ぶイメージ

		企業組織の基本的な仕組み	組織の運営と管理	戦略とマーケティング	現代的トピック
各分野への応用（例）	非営利組織				
	公企業				
	ベンチャー				
	中小企業				
	金融				
	サービス				
発展的な一般理論					
基礎理論					

たとえば，ベンチャー企業の戦略やマーケティングについて勉強するには，網かけ部分を中心に取り上げることになります。

　その意味では，本を読むことはやっぱり必要です。大学で学ぶのであれば，自分が関心のあるテーマに関する重要な理論的な文献（＝学術的な本）の一つや二つは最低読みこなしておくとよいでしょう（⇨ 第15章）。

　ただ，全部の基礎理論についてみっちり自分だけで学ぶのはたいへんです。そのために，学生であれば講義や教員を賢く使いましょう。講義は多くの場合，いろいろな理論や考え方のアウトラインを示しています。とりあえずアウトラインだけ理解しておくぶんには，講義をきちんと聞いておくことにして，よりつっこんで学んでいきたいときには，その講義の担当教員に推薦書を聞く，その教員のゼミに入るなどすればよいわけです。

②問題意識をつくる

　やみくもに講義をとったり本を読んだりするのではなく，自分なりの一貫したテーマをもって学んでいくことが効率的でもあります。問題意識をもとうとすること自体も勉強です。本書などを参考に，自分なりの方向性をもちましょう。もちろん，現実に起こっている諸現象から問題意識をつくってもよいのですが，その現象にどのような枠組みからアプローチするのか，をはっきりさせておかないと，単に知識を増やすだけになってしまいます。

(2) 研究しよう
①なぜ「研究」？
　大学だと，講義やゼミなどで自分たちで研究して発表するように指示されることがあります。実際の企業などの現場でも，今後の方針や製品開発などについて研究を指示されることがあるでしょう。そうした機会は非常に重要です。
　研究発表には，他人を納得させるだけの論理や事実による証明，説得力などが必要です。そのためにはたんに情報を集積するだけではなく，論理的に整理し，分析し，問題のカギはどこにあるのかなどを解明することになります。これらによってはじめて情報も自分の中に有機的に取り込まれますし，そこで使った理論なども自分のものにすることができるのです。これがペーパーテストのための受験勉強との大きな違いです。ですから，研究のチャンスには積極的に挑戦することを勧めます。
②論理的に考えること
　このときに，論理的によくよく考えましょう。思考法や発想法などについてはよいテキストがあるので内容はそちらにゆずりますが，思いつきの羅列や，ただ問題を適当に箇条書きにしていたのでは，まともな結果は出ません。ものごとの有機的な連関を秩序だてて整理する必要があります。
③議論すること
　研究の途中でも，発表の際にも，できるだけ多くの人と議論しましょう。独りよがりにならず，より適切な結論を得るためには，「痛い」批判こそありがたく受ける必要があります。学生の議論では，自分の説を曲げまいとするあまり無理な言い訳を必死でしてしまうことがありますが，議論の勝ち負けを判定することに意味はありません。「痛い」批判は，まさにこれから何を考えたり，調べたりする必要があるのかを教えてくれているのですから，ありがたく受け取ることです。
　ですから，他人の研究に対してもどしどし疑問や意見をぶつけましょう。それをどう受け止めるのかは相手次第なのですから，遠慮する必要はありません。

（3）リアルで正確な情報をつかむ

①信頼できる情報を探そう

世の中にはいい加減な情報があふれています。インターネットのように誰でも自由に発信できるソースはもちろん，本や雑誌にもでたらめなものはいくらでもあります。おもしろがって読むぶんには個人の自由ですが，情報として利用する場合には注意が必要です。

たとえば，ある商品の利用者アンケートの結果で，不満が多数だったとしましょう。それをもとに，「この商品はうけない」と結論してもよいでしょうか。まずそもそも，アンケートの方法はどうでしょうか。電話アンケートだと，「電話する時間に家にいる人」に回答者が限られます。ネット上のアンケートだと，「インターネットを使っていて，そのサイトを見て回答する暇がある人」にやはり限られます。大学でとったアンケートならほとんどは学生です。そうした回答者属性でも問題のないときと，問題のあるときがあるでしょう。また，アンケートの数はどうでしょうか。統計学上有効とされるサンプル数に達しているでしょうか。そうでなければ，参考程度にしかなりません。質問も適切でしょうか。誘導質問にはなっていないでしょうか。

こうした検証をしてみると，アンケート結果に限らず，意外に多くの言説が不十分な根拠をもとになされていることに気がつきます。自分に都合がよい，あるいはおもしろいからといって情報にとびつかず，慎重に検証することが必要なのです。

情報源として有効なのは，企業や組織ならその企業や組織自身が発表している情報，個人ならその個人が発信したことが明確な情報です。また，理論や考え方，分析結果などについては信頼できるものを使うようにします。理論や考え方については，不安があれば専門の大学教員に聞けばよいでしょう。また，信頼できる学術書を多く出している出版社から発行されている本，その分野で長いキャリアのある人が書いている本など，は信頼性の側面からの保証になります。

②新聞雑誌の活用

そうはいっても，新しい情報をつかむためには新聞や雑誌を活用しなくては

なりません。事実関係の速報といったことであれば，全国紙や大手通信社の配信した記事はとりあえず信頼できるでしょう。また，各業界ごとのいろいろな調査結果などは各種の業界紙・専門雑誌によく出ています。情報源についてはよく確かめる必要がありますが，てがかりにはなります。その意味で，特に経営学の研究においては業界紙や専門雑誌に注意する必要があります。

③インターネットの落とし穴

インターネットはダイレクトに多様な情報にアクセスできる一方，落とし穴や地雷だらけであることによくよく注意します。ヒントを得る程度ならともかく，情報源として利用できるのは企業・組織・政府機関などの公式サイトと，信頼できるメディア（新聞社など）のサイトに限ると思っておくほうが無難です。大学のある先生のサイトにある論文なので安心して読んでいたら，実はそれはその先生のゼミにいる学生の論文（中身は実際には作文程度でした）で，おそらく先生がちゃんとチェックしないままアップロードされたと思われるものだった，ということもありました。

経営学関係のキーワードで検索するとよくヒットするのは，コンサルタント会社のサイトです。しかし，中にはいい加減なものもあり，経営戦略の理論を説明しているのにとんでもない間違いがあったり，いい加減なデータで企業を評価しているものもたくさんあります。大手都市銀行系の有名なコンサルタント会社のサイトにもでたらめを見つけたことがありますから，「看板」はあてになりません。また，ニュースサイトでもちゃんと編集者が点検しているものと，登録した「記者」と称する一般市民が自由に書き込むことができるものがあります。大手メディアに載らない情報がつかめるという点でこうしたメディアの意義を否定しませんが，情報源として利用する際には裏付けをとる必要があります。

最後にウィキペディアです。出版社が内容について検証している市販の事典と異なり，これは内容に誰も保証を与えていません。すばらしい項目もありますが，でたらめもあります。これも参考にはできますが，内容を検証せずにそのまま利用してはいけません。

(4) 部屋の外へ飛び出そう

①現場を見に行こう

経営学は現実を扱っていますから、できるだけ実際の「現場」をイメージできるようになりましょう。そのためには、見に行くのが一番です。じっとしていないで、外へ飛び出しましょう。

大手メーカーの工場はたいてい見学を受け付けてくれます。サービス業ならお客さんとして利用することで少なくとも「表」は見ることができますし、劇場などでは見学ツアーがあるところもあります。これらはごく簡単ですから、ぜひやってみましょう。たとえば東京ディズニーランドに行くときに、遊びにいくだけではなくて、ちょっと下調べをしてチェック項目をメモにしてもっていくだけで、ずいぶんいろいろなことに気がつくはずです。

②インタビューや内部見学もさせてもらおう

具体的な研究に取り組んでいる際には、できるだけインタビューや「裏側」の見学もしてみましょう。調べてもわからないことや、見てみないとイメージしづらいことがあれば、率直に企業や組織に頼んでみましょう。それがだめでも、可能なところまで資料を提供してもらうことや、メールやファクスでの質疑応答なら応じてくれるところもあります。いずれにせよ、最初は企業や組織の「広報」担当部門にまず相談します。

③アンケート調査をしよう

実際に利用者などの声を知るためには、アンケート調査やインタビューをする必要があります。ただ、意見が偏ったり一面的になったりしないように、質問項目の作成や調査方法をセオリーに沿ったものにする必要があります。適当な参考書を用いてください。

参考文献

大学での学習と研究に関わる良質のハウツー本として
- 森靖雄『大学生の学習テクニック』大月書店、1995年。

索 引

あ 行

ASEAN　*214*
アベグレン，J. C.　*78*
アメリカ経営学　*9*
アンゾフ，I.　*125*
委員会設置会社　*63*
五つの競争要因　*130*
移動組み立て方式　*150*
異文化マネジメント　*218*
インフレーション　*178*
ウォンツ（wants）　*142*
売上　*23*
SBU（戦略事業単位）　*129*
NGO　*194*
NPO　*195*
NPO論　*225*
M&A　*54*
M字カーブ　*197*
OJT　*154*
親会社　*49*

か 行

会計学　*12*
外国為替市場　*179*
外国人労働者　*220*
会社　*26*
外部環境　*109*
寡占　*31*
金のなる木　*129*
株価　*36*

株式　*35*
株式会社　*34*
株主　*35*
株主総会　*37, 62*
過労死　*189*
監査役　*38*
監査役設置会社　*63*
完全競争　*110*
かんばん　*154*
機会（opportunity）　*127*
企業　*19, 26*
起業家　*49*
企業行動憲章　*182*
企業戦略　*111*
企業の社会的責任（CSR）　*182*
企業論　*224*
気候変動　*219*
技術シーズ　*155*
偽装請負　*84*
機能別戦略　*112*
規模の経済　*160*
キャリアデザイン　*88*
脅威（threat）　*127*
業種　*29*
競争　*110*
競争戦略　*111*
業務請負　*83*
口コミ　*144*
グローバル化　*209, 219*
グローバル・スタンダード　*219*
黒字倒産　*52*

経営環境　109
経営史　224
経営資源　113
経営者　66
経営戦略　111
経営戦略論　224
経営理念　115
計画的戦略　133
景気循環　177
経験曲線　127
経済成長　177
経済のサービス化　172
傾斜生産方式　170
研究開発（R＆D）　156
コア・コンピタンス　133
公営企業　27
公開会社　63
公害問題　171
公企業　27
公共セクター　201
公私混同企業　27
交渉権　95
合同会社　39
高度（経済）成長　170
合弁会社　49
ゴーイング・コンサーン（永続事業体）　41
コーポレート・ガバナンス（企業統治）　42
コーポレート・ガバナンス論　225
子会社　49
顧客　110
国際通貨基金（IMF）　210
個人加盟型ユニオン　102
個人企業　26, 27
コスト・リーダーシップ戦略　131

コンピテンシー　86
コンプライアンス　182

──────── さ 行 ────────

サービス業　30
財閥　168
財閥解体　169
裁量労働制　187
サプライ・チェーン・マネジメント　161
差別化戦略　131
産業材　142
三六協定　188
GM（ゼネラル・モーターズ）　152
GMS（総合スーパー）　145
GDP（国内総生産）　177
シェア　128
私企業　27
事業環境　109
事業戦略　111
事業単位　112
事業の定義　132
事業部　112
事業部制　118
資金繰り　52
資源アプローチ　133
市場（マーケット）　109
市場拡大戦略　126
市場原理　111
市場浸透戦略　126
市場占有率　128
持続可能な開発　218
執行役　37
シナジー　126
社会的責任投資（SRI）　196
ジャスト・イン・タイム（JIT）　154
終身雇用　78

索　引

集中戦略　*132*
収入　*23*
純利益　*23*
小企業　*50*
証券取引所　*35*
上場　*35, 51*
消費財　*141*
新規参入　*131*
新製品開発戦略　*126*
人的資源管理論　*225*
SWOT 分析　*127*
スタグフレーション　*178*
ステークホルダー（利害関係者）　*2, 41*
成果主義　*85*
生産システム　*225*
製品―市場戦略　*125*
石油危機（オイルショック）　*172*
全国労働組合総連合（全労連）　*97*
潜在需要　*143*
選択と集中　*120*
全般的環境　*109*
争議権　*95*
創業者利益　*51*
創発的戦略　*133*
ソーシャル・アントレプレナー（社会起業家）　*195*

———— た 行 ————

ターゲティング　*141*
大企業　*50*
第三セクター　*27*
ダイバーシティ・マネジメント　*199*
大量生産　*160*
多国籍企業　*213*
多能工　*154*
多品種変量生産体制　*152*

団結権　*94*
男女雇用機会均等法の改正案　*197*
団体交渉　*95*
単能工　*153*
地球温暖化　*219*
中小企業　*50*
注文生産（受注生産）　*158*
つなぎ融資　*52*
強み（strength）　*127*
提携　*54*
敵対的買収　*54*
ドイツ経営学　*10*
倒産　*52*
独占　*31*
独占禁止法　*31*
特許　*215*
トップマネジメント　*66*
ドメイン　*112*
トヨタ・システム　*153*
ドラッカー，P. F.　*61*
取締役　*37*
取締役会　*62*
取引流　*145*

———— な 行 ————

内部環境　*109*
ナショナル・ブランド商品（NB）　*146*
名ばかり管理職　*80*
名ばかり店長　*80*
ナレッジ・マネジメント　*133*
南北問題　*216*
ニーズ（needs）　*142*
日本的経営　*78*
日本労働組合総連合会（連合）　*97*
ニュー・ディール政策　*178*
ニュー・パブリック・マネジメント

239

　　　　（NPM）　*202*
　　年功序列制度　*79*
　　年俸制　*87*
　　農地改革　*169*

──────── は 行 ────────

バーナード，C. I.　*76*
派遣社員　*83*
派遣・請負労働者　*82*
破産　*53*
花形　*129*
バブル経済　*174*
非営利組織　*27*
非正規雇用　*82*
批判経営学　*10*
標準化　*150*
ファミリー・フレンドリー　*196*
フェアトレード　*195, 204*
フォード・システム　*150*
物流　*145, 161*
プライベート・ブランド商品（PB）　*146*
プランニング（Plan の策定）　*124*
不良債権　*174*
プロダクト・ポートフォリオ・マネジメント（PPM）　*113, 128*
ベンチャー企業　*49*
法人企業　*26, 27*
ポーター，M. E.　*130*
ポジショニング（Position の策定）　*124*
POS（販売時点管理）　*147*
ボストン・コンサルティング・グループ（BCG）　*127*

──────── ま 行 ────────

マーケティング　*140, 226*

負け犬　*129*
マズロー，A. H.　*77*
マネジメント　*60*
マネジメントサイクル　*61*
見込み生産（市場生産）　*158*
ミドルマネジメント　*67*
民主化（戦後）　*169*
ミンツバーグ，H.　*124*
目標管理制度　*86*
持株会社　*54*
モチベーション　*76*
問題児　*129*

──────── や 行 ────────

弱み（weakness）　*127*
4 P　*140*

──────── ら・わ 行 ────────

ライフデザイン　*88*
ライン＆スタッフ組織　*68*
ライン組織　*68*
利益　*23*
理論　*3*
レアアース　*157*
レビット，T.　*113*
ロアーマネジメント　*67*
労使関係　*95*
労働組合　*79, 94*
労働組合の主な活動　*94*
労働三権　*94*
六大企業集団　*171*
ワーク・ライフ・バランス　*196*

執筆者紹介

〈編著者〉

守屋　貴司（もりや・たかし）

　　1962年　生まれ
　　関西学院大学大学院商学研究科博士課程後期課程単位取得中退
　　立命館大学大学院社会学研究科現代応用社会学専攻博士課程後期課程修了
　　現　職　立命館大学経営学部教授
　　主　著　『現代英国企業と労使関係』税務経理協会，1997年
　　　　　　『総合商社の経営管理』森山書店，2001年
　　　　　　『日本企業への成果主義導入』森山書店，2005年
　　　　　　『日本の外国人留学生・労働者と雇用問題』晃洋書房，2011年
　　担　当　序章，2，4，5，6，12，13，15章

近藤　宏一（こんどう・こういち）

　　1966年　生まれ
　　立命館大学大学院経営学研究科企業経営専攻博士課程後期課程中退。
　　現　職　立命館大学経営学部教授
　　主　著　『経営学部で学ぶために』（共著）文理閣，2003年
　　　　　　『LRTが京都を救う』（共著）つむぎ出版，2004年
　　担　当　1，3，7，8，9，10，11，14章

〈著者：50音順〉

岩本　敏裕（いわもと・としひろ）

　　1967年　生まれ
　　立命館大学大学院経営学研究科企業経営専攻博士課程後期課程修了。博士（経営学）
　　現　職　福山平成大学経営学部講師
　　主　著　『日本企業の技術革新と競争優位：家庭用録画・再生機器産業の分析』文理閣，2012年
　　担　当　7章 Topics

上田　智久（うえだ・ともひさ）

　　1978年　生まれ
　　立命館大学大学院経営学研究科企業経営専攻博士課程後期課程修了。博士（経営学）
　　現　職　東京農業大学生物産業学部准教授
　　主　著　『アジアICT企業の競争力』（共著）ミネルヴァ書房，2010年
　　担　当　10章 Topics

小沢　道紀（おざわ・みちのり）

　1973年　生まれ
　立命館大学大学院経営学研究科企業経営専攻博士課程後期課程中退
　現　職　立命館大学食マネジメント学部准教授
　主　著　『流通と顧客創造』（共著），高菅出版，2004年
　　　　　『ドラッカー思想と現代経営』（共編著），晃洋書房，2010年
　担　当　1, 3, 12, 13, 14章（編著者と共同執筆）

佐伯　靖雄（さえき・やすお）

　1977年　生まれ
　立命館大学大学院経営学研究科企業経営専攻博士課程後期課程修了。博士（経済学），博士（経営学）
　現　職　立命館大学大学院経営管理研究科准教授
　主　著　『自動車電動化時代の企業経営』晃洋書房，2018年
　担　当　8章 Topics

玉井　信吾（たまい・しんご）

　1973年　生まれ
　立命館大学大学院経営学研究科企業経営専攻博士課程後期課程修了（単位取得満期退学）
　現　職　立命館大学非常勤講師
　主　著　『組織能力と企業経営』（共著），晃洋書房，2008年
　　　　　『企業倫理を歩む道』（共著），晃洋書房，2010年
　担　当　序章末コラム，10章末コラム

はじめの一歩　経営学
──入門へのウォーミングアップ──
〈第2版〉

2007年7月1日	初　版第1刷発行	〈検印省略〉
2011年4月20日	初　版第7刷発行	
2012年6月20日	第2版第1刷発行	
2018年12月25日	第2版第7刷発行	

定価はカバーに表示しています

編著者	守屋　貴司
	近藤　宏一
発行者	杉田　啓三
印刷者	坂本　喜杏

発行所　株式会社　ミネルヴァ書房
607-8494　京都市山科区日ノ岡堤谷町1
電話代表　(075)581-5191番
振替口座　01020-0-8076番

Ⓒ 守屋・近藤, 2012　　冨山房インターナショナル・清水製本

ISBN 978-4-623-06331-4
Printed in Japan

ベイシック経営学Q&A[第3版]

―――――――――――――――総合基礎経営学委員会編　A5判　314頁　本体2500円

経営学の基礎となるキーワードを簡潔なQ&A方式の見開きで解説。各課題の主要論点を網羅し，的確に理解できるよう編集。経営学の基礎知識を自学自習で理解し，経営学のおもしろさを紹介。経営学を学び始める人必携の書。

よくわかる現代経営[第5版]

―――――――「よくわかる現代経営」編集委員会編　B5判　228頁　本体2700円

経営学を学び始めるために必要な基礎知識を網羅し，企業を取り巻くさまざまな現象を，具体的事例とともにわかりやすく解説。

テキスト経営学[第3版]

―――――――――――――――――井原久光著　A5判　368頁　本体3200円

●基礎から最新の理論まで　『テキスト経営学』(1999)に最終章，第21章「現代社会と企業」を追加して国際経営論，情報化，企業責任など企業の現代的課題を増補。用語・概念をわかりやすく解説した独学にも最適の1冊！

はじめて学ぶ経営学

―――中野裕治／貞松　茂／勝部伸夫／嵯峨一郎編　A5判　272頁　本体2800円

●人物との対話　経営学の基礎を，「人と業績」「名著・原典紹介」から読み解く。経営学の初学者向け入門テキスト。

価値創発(EVP)時代の人的資源管理

―――――――――――守屋貴司／中村艶子／橋場俊展編著　A5判　256頁　本体2800円

●Industry4.0の新しい働き方・働かせ方　第4次産業革命に生き残る組織と人材とは。優れた人材を惹きつけ共に新しい価値を創造していく企業のこれからのあり方を探る。

――― ミネルヴァ書房 ―――

http://www.minervashobo.co.jp/